Leah Molzahn

PAPIER FLIEGER

für Pros

EMF

EIN BUCH DER
EDITION MICHAEL FISCHER

Inhaltsverzeichnis

KLEINE FLUGKÜNSTLER

AUSSER-GEWÖHNLICHE FLIEGER

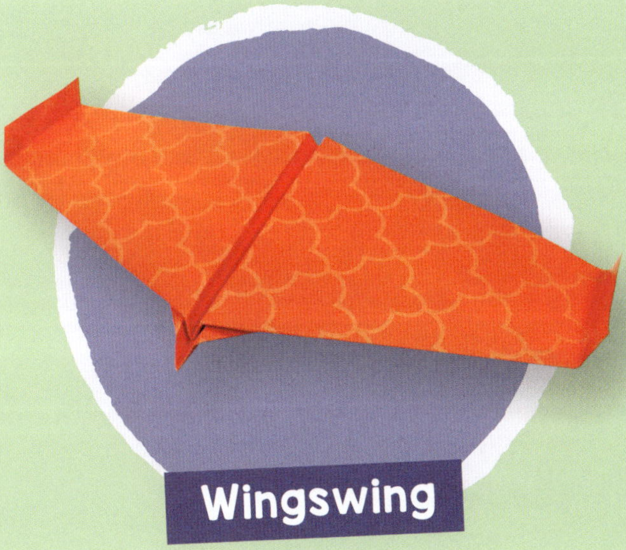

SUPER-FLITZER

Hallo und herzlich willkommen in der Welt der Papierflieger

PAPIERFLIEGER SIND EINFACH WUNDERBAR, DENN:

1. Du brauchst meist nur ein Blatt Papier, um sie zu basteln.
2. Sie sind schnell und meist auch ganz einfach nachzubauen.
3. Sie sind wunderschön anzusehen und es macht einfach riesigen Spaß, sie fliegen zu lassen.
4. Du kannst mit ihnen viele spannende Nachmittage verbringen.

FERTIG MACHEN ZUM START!

In diesem Buch findest du die unterschiedlichsten Flieger. Einige sehen aus wie klassische Papierflieger, andere haben besondere und außergewöhnliche Formen. Manche wirfst du ab, andere lässt du fallen. Manche flattern mit ihren Flügeln, während sie durch die Luft gleiten, andere drehen sich oder wirbeln herum und wieder andere sind superschnell.

Es ist immer wieder spannend zu schauen, wie ein Papierflieger, den man gerade gefaltet hat, fliegt. Für den Fall, dass mal etwas nicht so läuft, wie du es dir vorstellst, findest du in diesem Buch auch einige Tipps und Tricks.

Außerdem warten aufregende Challenges auf dich und deine Freund:innen, für den Extra-Papierflieger-Spaß!

Und dann haben wir dir auch noch eine Anleitung für einen Shooter mitgebracht, mit dem du deine Flieger starten lassen kannst.

Bei jeder Anleitung siehst du eine Angabe, wie schwierig das Falten des Fliegers ist.

EINFACH ★☆☆ MITTEL ★★☆ SCHWER ★★★

Wir haben für jeden Schwierigkeitsgrad etwas dabei. Am besten legst du mit den einfachsten Fliegern los und steigerst dich dann.

Außerdem findest du zu jedem Flieger besondere Pilot:innen-Tipps und eine Bordkarte mit Angaben zum Flugverhalten. Und der QR-Code führt dich zu einem Video, der unsere Flieger bei den Testflügen zu diesem Buch zeigt.

Hinten im Buch befinden sich die passenden Papiere, mit denen du direkt losbasteln kannst. Die coolen Designs machen aus deinen Fliegern echte Hingucker!

Übrigens: Vielleicht hast du ja auch Lust, mal ganz eigene Flieger zu entwerfen oder die Papierflieger in diesem Buch noch weiterzuentwickeln!

Und jetzt: Alle fertig machen zum Start – wir heben ab!

KLEINE FLUG-KÜNSTLER

Diese Flugakrobaten sind wirklich lustig anzusehen, denn sie gleiten alle auf ihre ganz eigene Weise durch die Luft.

PLAYLIST:
KLEINE FLUGKÜNSTLER

In dieser Playlist findest du die einzelnen Flugvideos der kleinen Flugkünstler.

FALTEN, FEINSCHLIFF, FLIEGEN

Hier erfährst du ein paar superpraktische Tipps rund um deine coolen Gleiter!

Falttipps:

1. Für Papierflieger brauchst du Papier mit dem Format DIN A4. Hinten im Heft findest du viele bunte Papiere, mit denen sich Papierflieger perfekt falten lassen.
2. Falte immer so genau wie möglich: Kante auf Kante oder Spitze an Spitze oder wie auch immer die Faltung aussieht. Lege das Papier erst an und fahre dann mit dem Finger über die Faltkante.
3. Ziehe alle Faltkanten immer einige Male nach. Das kannst du mit dem Fingernagel machen oder auch mit einem Lineal, dann werden sie noch schärfer.

Fertig? Fast! Erst kommt noch der Feinschliff.

Hast du deinen Flieger fertiggefaltet, dann mach ein paar Probeflüge. Anschließend braucht dein Gleiter eventuell ein Finetuning. Hier findest du Hilfe bei den häufigsten Problemen:

Der Gleiter fliegt sofort mit der vorderen Spitze nach unten:
Falte die hinteren Kanten des Fliegers etwas nach oben um.

Der Gleiter steigt sofort steil nach oben:
Falte die hinteren Kanten des Fliegers etwas nach unten um.

Der Gleiter hat einen Rechtsdrall:
Falte die linke hintere Kante des Fliegers leicht nach oben.

Der Gleiter hat einen Linksdrall:
Falte die rechte hintere Kante des Fliegers leicht nach oben.

Der Gleiter dreht sich im Flug um seine Längsachse und legt sich quasi auf den Rücken:
Richte die Flügel etwas weiter nach oben hin aus, das verleiht dem Flieger mehr Stabilität.

Und wie wird man zum Flugprofi?

Bist du mit deinem Flieger zufrieden, dann ist er fertig zum Start.

Suche dir einen geeigneten Ort:
Manche Flieger brauchen viel Platz, weil sie weit fliegen und dabei große Kurven beschreiben. Am besten eignet sich also eine große Wiese. Draußen ist es windig? Bei einigen der Flieger in diesem Buch kann es sogar spannend sein, sie bei leichtem Wind fliegen zu lassen. Dann schlagen sie mit den Flügeln, lassen sich weit tragen oder legen aufregende Flugmanöver hin. Zu viel Wind macht das Fliegen allerdings schwierig.

Fertig machen für den Abflug:
Die meisten Flieger hältst du an der Unterseite fest, wenn du sie starten lässt. Du findest bei jeder Anleitung einen Hinweis, wie du den Flieger am besten hältst.

Der Abwurf:
Einige Flieger aus diesem Buch lässt du fallen, andere musst du sanft loslassen und wieder andere werden mit Kraft abgeworfen. Aber mach ruhig auch mal deine eigenen Versuche und teste, wie sich die einzelnen Gleiter verhalten, wenn du sie sanft oder fest abwirfst. Jeder Flieger verhält sich in der Luft ein bisschen anders.

KARUSSELL-FLYER

Frrrrr! Dieser quirlige Gleiter dreht sich wie ein Helikopter.

FALTUNG:	★☆☆☆☆	GESCHWINDIGKEIT:	★★★★☆
ABWURF:	★☆☆☆☆	WEITE:	★☆☆☆☆
COOLNESSFAKTOR:	★★★☆☆	HÖHE:	★☆☆☆☆
FLUGDAUER:	★★☆☆☆	FLUGBAHN:	DREHWURM

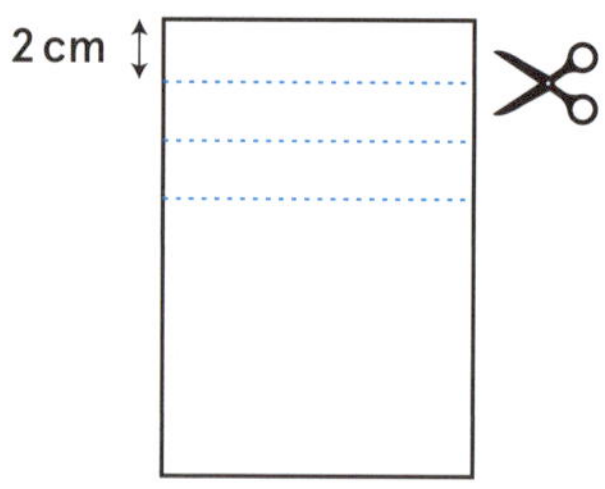

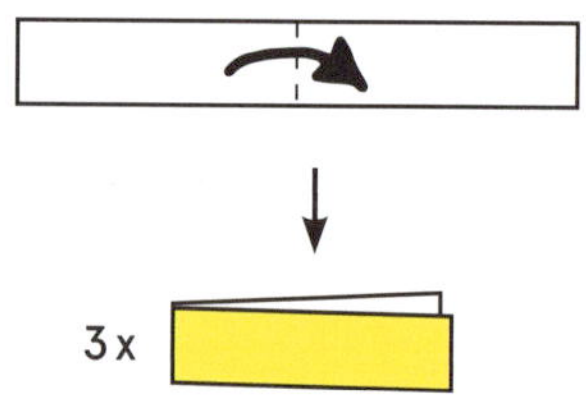

1. Schneide drei Streifen aus einem DIN-A4-Blatt Papier. Sie sollten 2 cm breit sein. Die Länge entspricht der Breite deines Blatts.
2. Falte alle drei Streifen in der Mitte.
3. Lege einen Streifen um einen zweiten gefalteten Streifen.

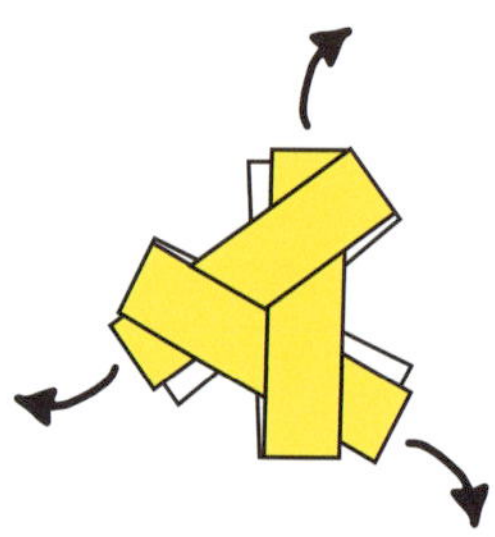

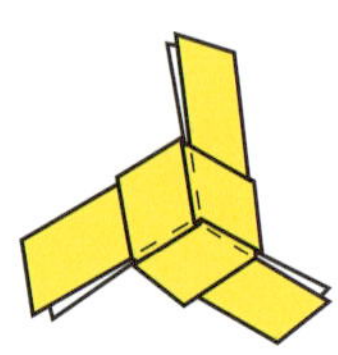

4. Lege den dritten Streifen von der anderen Seite um den senkrecht liegenden Streifen. Die offenen Seiten der beiden waagerechten Streifen befinden sich einmal links und einmal rechts.
5. Jetzt ziehst du das offene Ende des dritten Streifens durch die Schlaufe des unteren Streifens und ziehst alles so fest zusammen, dass sich eine kleine Kuppel bildet.
6. Fertig ist dein Karussell-Flyer!

PILOT:INNEN-TIPP:

Wirf diesen lustigen Wirbler hoch in die Luft und schau zu, wie er sich im Luftstrom dreht! Am coolsten sieht es aus, wenn du ihn aus einem Fenster oder von einem Klettergerüst herunterwirfst.

SUPER-WHIRLER

Huuuiii! Dieser kleine Kerl wirbelt fröhlich durch die Luft. Und zwar so flink, dass das Auge fast nicht hinterherkommt!

FALTUNG:	★★☆☆☆	GESCHWINDIGKEIT:	★★★★☆
ABWURF:	★☆☆☆☆	WEITE:	★★☆☆☆
COOLNESSFAKTOR:	★★★☆☆	HÖHE:	★☆☆☆☆
FLUGDAUER:	★★★☆☆	FLUGBAHN:	QUIRLIG

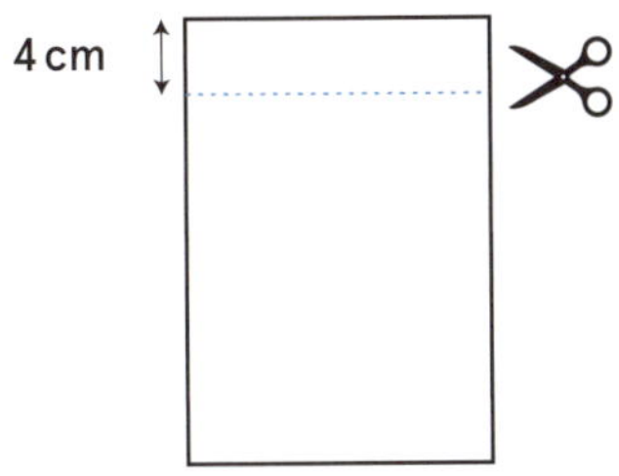

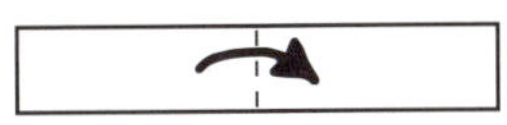

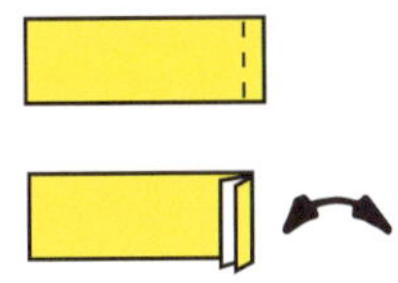

❶ Schneide einen etwa 4 cm breiten Streifen längs aus einem DIN-A4-Blatt Papier.

❷ Falte den Streifen in der Mitte.

❸ Falte am offenen Ende einen einige Millimeter breiten Streifen ein. Falte diesen dann auch noch einmal auf die andere Seite.

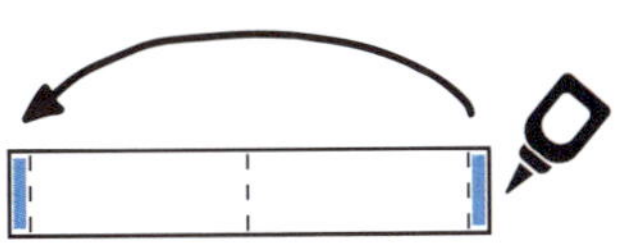

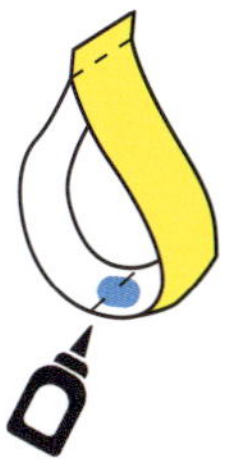

❹ Trage Kleber auf eine Seite auf und klebe die beiden Enden zusammen.

❺ Öffne den Streifen zu einem Ring und trage Kleber auf die Mitte auf, an der Stelle mit der Faltlinie. Klebe den Ring nun mittig zusammen, sodass eine Art 8 oder ein Schmetterling entsteht.

❻ Fertig ist dein Super-Whirler, lass ihn fliegen!

PILOT:INNEN-TIPP:

Halte deinen Super-Whirler so, dass sich der Griff unten befindet. Der Propeller liegt waagerecht zum Boden. Stell dich oben an eine Treppe und lass deinen Gleiter mit sanftem Schwung los. Siehst du, wie flink er sich dreht?

SCHWIERIGKEIT ★☆☆

CIRCLE-SLIDER

Ein außergewöhnlicher Gleiter, der sich im Flug um sich selbst dreht.

FALTUNG:	★★☆☆☆	GESCHWINDIGKEIT:	★★☆☆☆
ABWURF:	★☆☆☆☆	WEITE:	★★★☆☆
COOLNESSFAKTOR:	★★★☆☆	HÖHE:	★☆☆☆☆
FLUGDAUER:	★★★★★	FLUGBAHN:	WIRBELIG

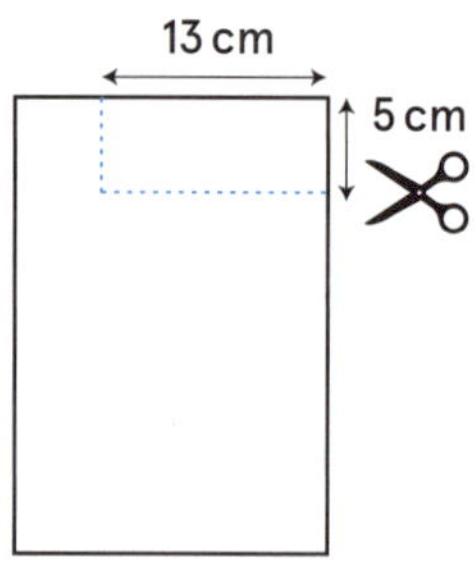

1. Schneide einen ca. 5 x 13 cm großen Streifen Papier aus einem DIN-A4-Blatt.

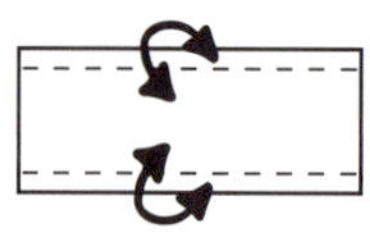

2. Falte rechts und links am langen Rand je einen 5 mm breiten Streifen nach oben.

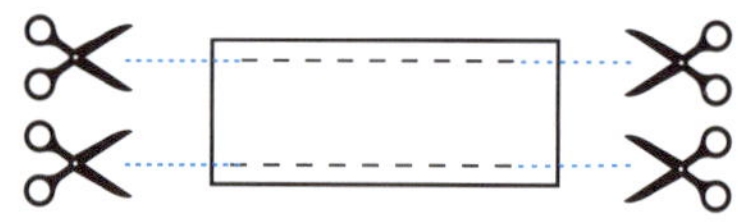

3. Markiere die so entstandenen Faltlinien jeweils einige Millimeter an den schmalen Seiten und schneide sie ein Stück ein.

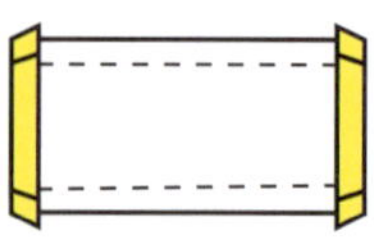

4. Falte nun auch an den schmalen Seiten je einen 0,5 mm breiten Streifen nach oben.

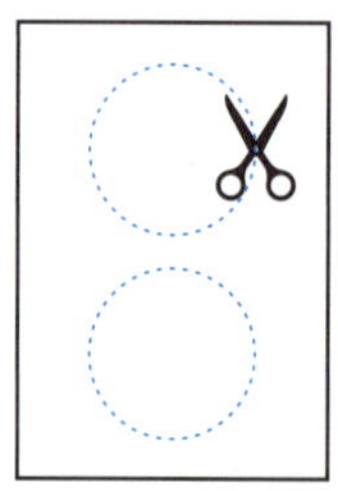

5. Suche ein Glas, dessen Durchmesser etwa so breit ist wie dein Papierstreifen. Nutze das Glas als Schablone und zeichne zwei Kreise auf Papier, die du ausschneidest.

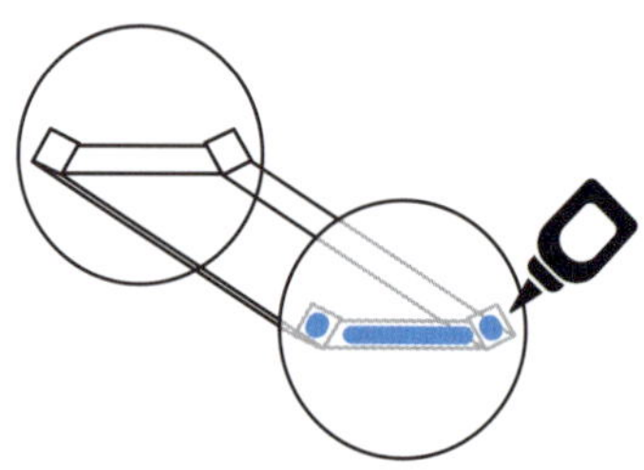

6. Klebe die beiden Kreise vorne und hinten auf deinen Papierstreifen. Die kleinen Laschen klebst du so auf, dass eine wannenartige Form in der Mitte entsteht.

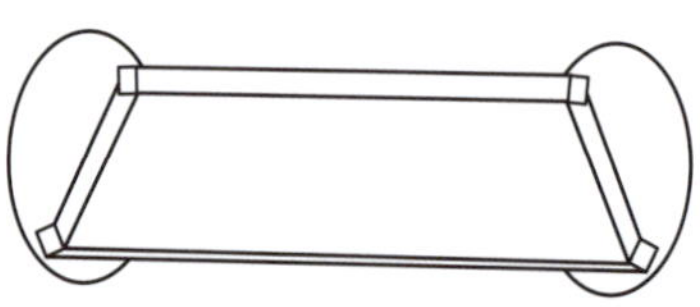

7. Jetzt ist dein Circle-Slider bereit für seinen ersten Flugversuch.

PILOT:INNEN-TIPP:

Lass diesen Slider aus einem Fenster oder von einem Klettergerüst fallen und dreh ihn beim Abwurf sanft an. Beobachte, wie weit er vom Wind getragen wird und sich dabei dreht.

FLUTTER-GLIDER

Wie ein Vogel flattert dieser Gleiter mit den Flügeln. Er fliegt nah am Boden und landet sanft wie ein Jumbo-Jet.

FALTUNG:	★☆☆☆☆	GESCHWINDIGKEIT:	★★☆☆☆
ABWURF:	★★★☆☆	WEITE:	★★☆☆☆
COOLNESSFAKTOR:	★★★☆☆	HÖHE:	★☆☆☆☆
FLUGDAUER:	★★★☆☆	FLUGBAHN:	SANFT FLATTERND

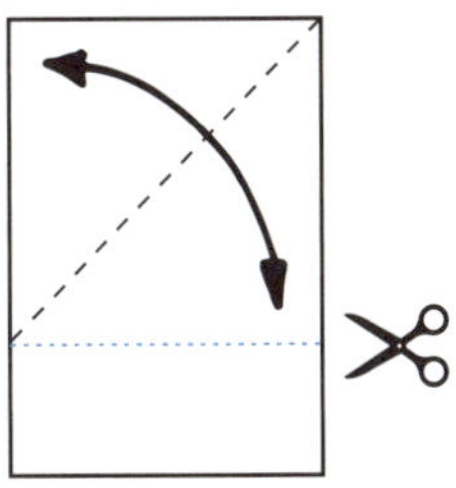

1 Falte eine Ecke eines DIN-A4-Blatts Papier zur gegenüberliegenden Seite und schneide den nun überstehenden Streifen ab. Falte das Quadrat dann wieder auf.

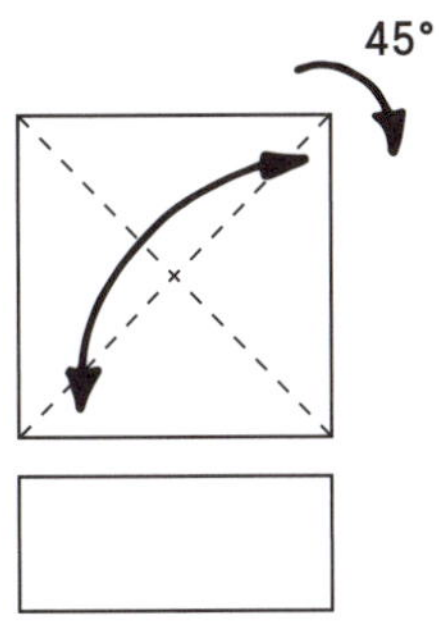

2 Falte nun auch die zweite Diagonale. Öffne das Papier dann wieder. Drehe es anschließend ein Stück, sodass die Spitze zu dir zeigt.

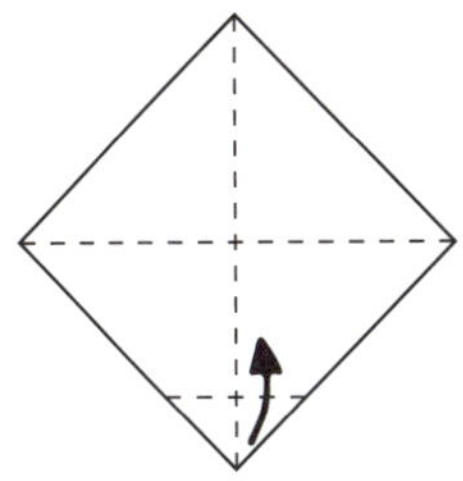

3 Falte eine Ecke ein Stück nach oben.

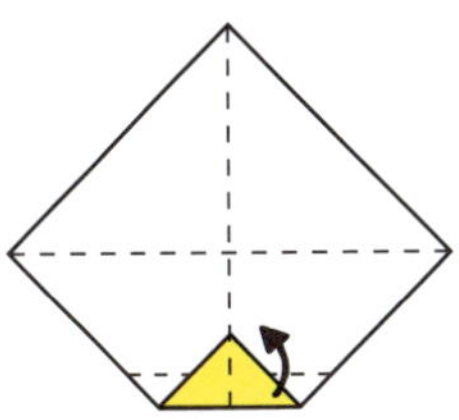

4 Dann faltest du den unteren Rand noch einmal bis zur Spitze des in Schritt 3 entstandenen kleinen Dreiecks.

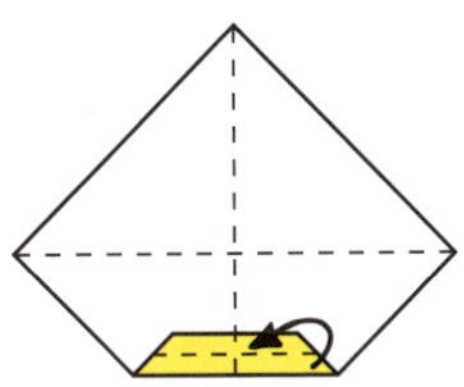

5 Falte die untere Kante erneut bis zum oberen Rand des in Schritt 4 entstandenen Streifens.

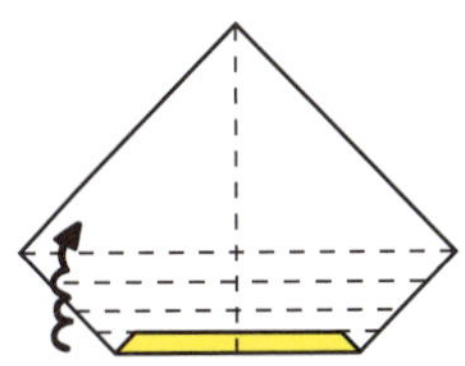

6 Falte diese Kante nun so oft, bis du bei der Mittellinie angekommen bist und ein Dreieck vor dir liegen hast.

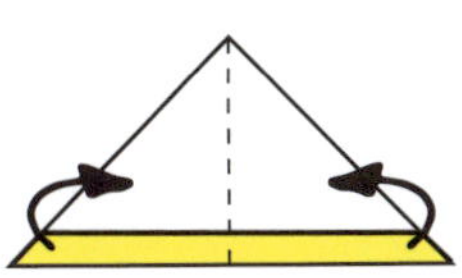

7 Führe die beiden unteren Ecken des Dreiecks zusammen, sodass ein Tunnel entsteht.

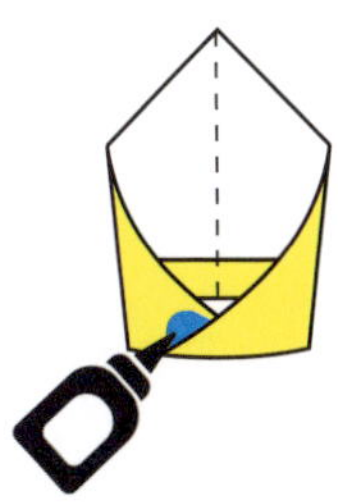

8 Stecke die Spitzen ineinander und fixiere sie mit einem kleinen Stück Klebeband. Forme deinen Tunnel nun so aus, dass er möglichst rund ist.

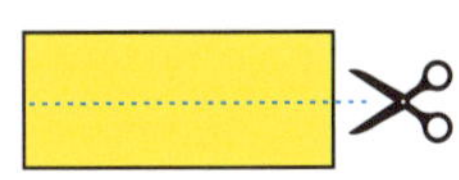

9 Falte den Streifen längs in der Mitte und halbiere ihn an der Faltlinie mit der Schere.

PILOT:INNEN-TIPP:

Zum Abwurf hältst du deinen Glider mit den Flügeln nach oben und mit der runden Seite nach vorne. Wirf ihn flach ab und experimentiere ein wenig mit der Wurfgeschwindigkeit, dann bekommst du schnell heraus, wie fest du ihn werfen musst, damit er gut fliegt. Im sanften Wind sieht das Flattern der Flügel am beeindruckendsten aus.

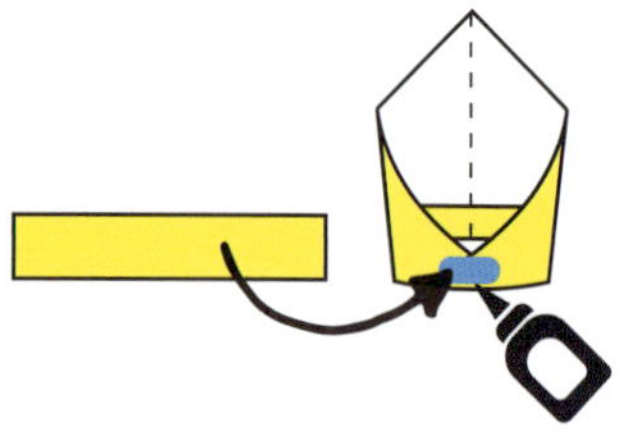

10 Klebe eine der Hälften mit Klebeband mittig auf die schmalere Seite deines Tunnels.

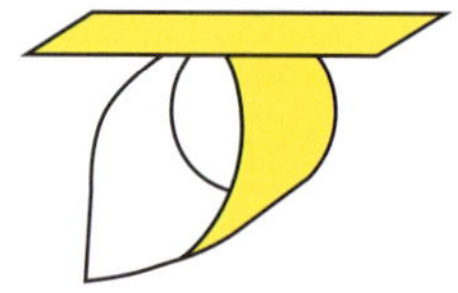

11 Fertig ist dein Flutter-Glider. Lass ihn fliegen und siehe zu, wie er flattert.

CURVE-SLIDER

Dieser Gleiter fliegt hoch und weit und beschreibt dabei eine sanfte Kurve.

FALTUNG:	★★★★☆	GESCHWINDIGKEIT:	★★★☆☆
ABWURF:	★★☆☆☆	WEITE:	★★★★★
COOLNESSFAKTOR:	★★★★☆	HÖHE:	★★★★★
FLUGDAUER:	★★★★★	FLUGBAHN:	WEIT MIT SANFTER KURVE

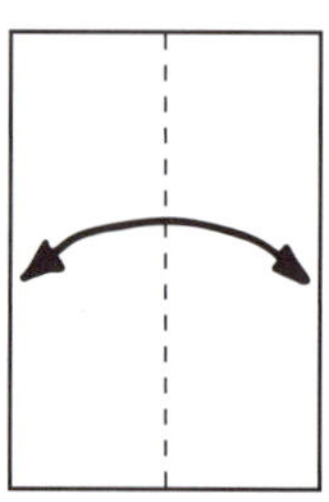

1 Falte ein Blatt Papier längs und öffne es wieder.

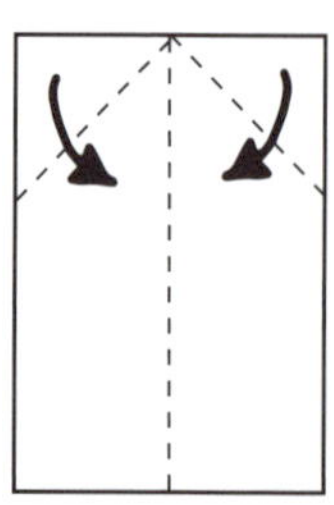

2 Nun faltest du die beiden oberen Ecken zur Mittellinie hin.

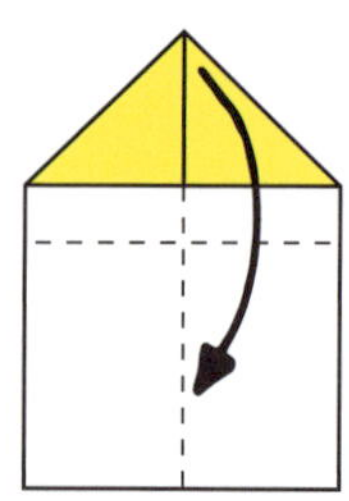

3 Falte die Spitze nach unten, sodass die Spitze etwa 2 Finger breit vom unteren Rand entfernt liegt.

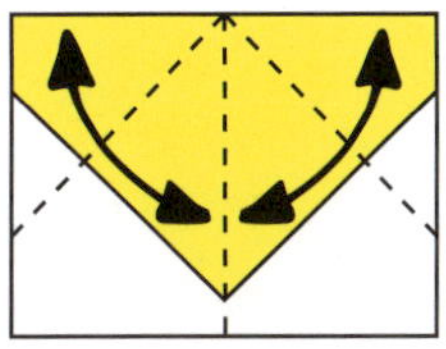

4 Falte die oberen Ecken erneut zur Mittellinie hin und anschließend wieder auf.

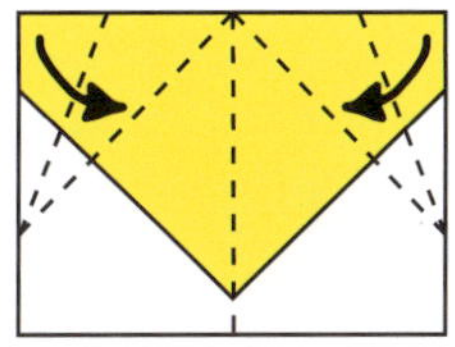

5 Jetzt faltest du die linke und rechte obere Ecke zur gerade entstandenen Faltlinie hin, sodass die seitliche Kante jeweils auf der Faltlinie liegt.

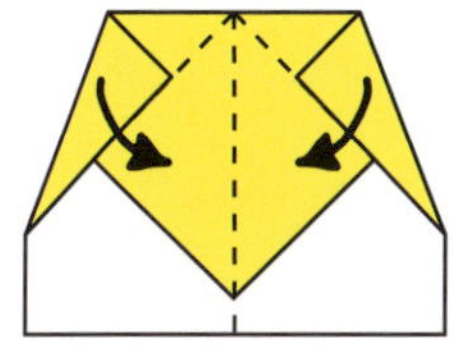

6 Anschließend faltest du die Seiten wieder an der bei Punkt 4 entstandenen Faltlinie.

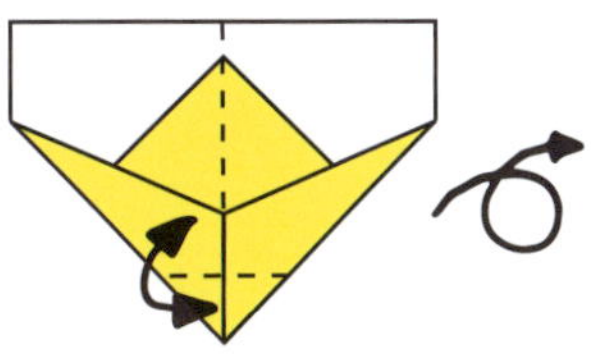

7 Drehe das Papier so, dass die Spitze zu dir zeigt, und falte die Spitze bis zum V, das du oberhalb der Spitze siehst. Falte sie anschließend wieder auf und wende das Papier.

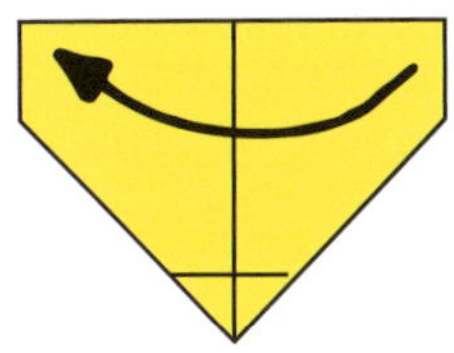

8 Falte das Papier in der Mitte.

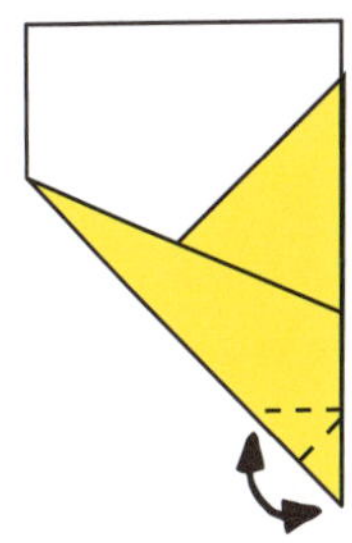

9 Falte die Spitze zum linken Rand hin und öffne sie dann wieder.

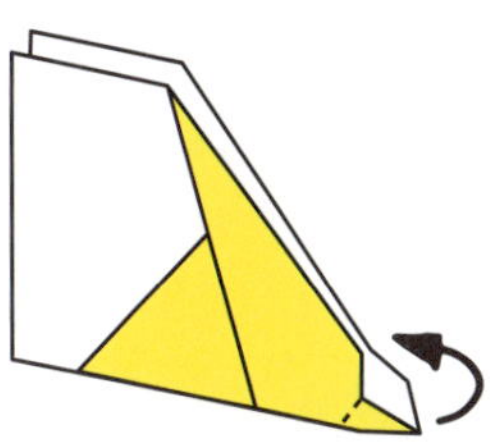

10 Zieh sie wannenartig auf und falte sie hoch, sodass eine Raute entsteht.

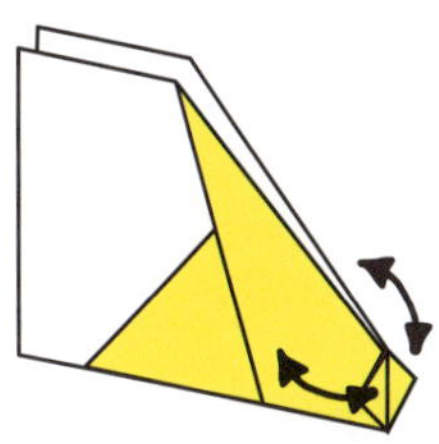

11 Falte die Seiten nach rechts und links hinten und wieder zurück.

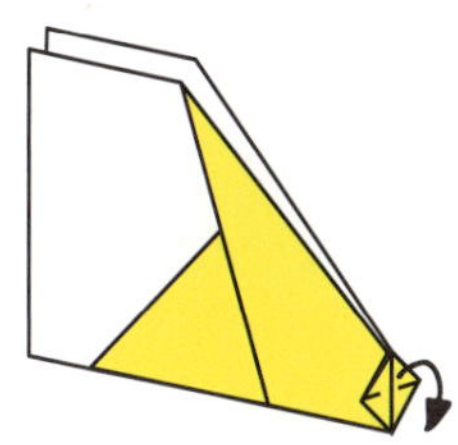

12 Falte die obere Hälfte der vorderen Lage nach unten.

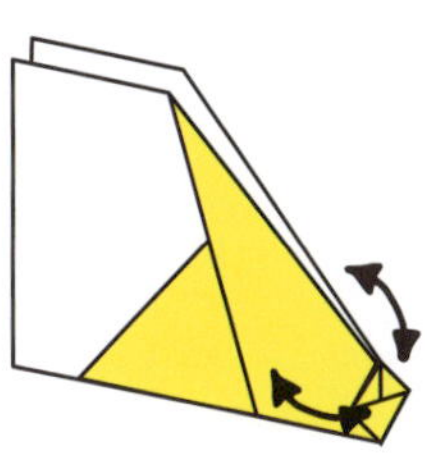

13 Falte die Seiten der Spitze noch einmal nach rechts und links hinten.

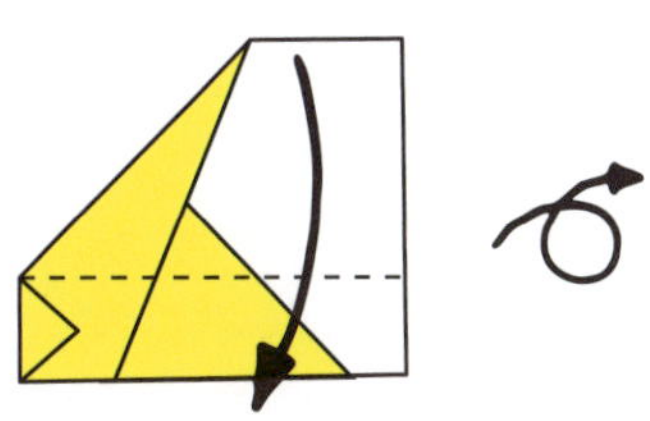

14 Lege das Papier so hin, dass die Spitze nach links zeigt und falte den oben liegenden Flügel an der Stelle, an der die Spitze beginnt, nach unten. Wende das Papier.

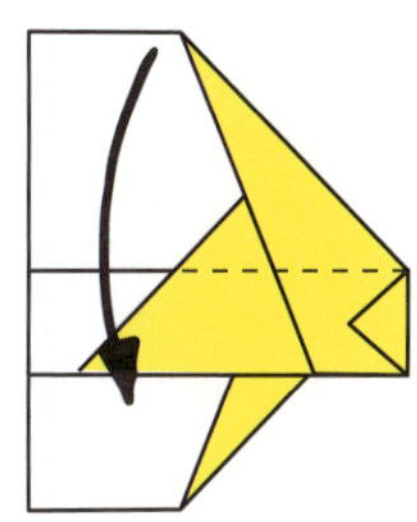

15 Falte den zweiten Flügel darüber.

PILOT:INNEN-TIPP:

Für diesen Gleiter brauchst du Platz, denn der kleine Flugkünstler fliegt wirklich weit und hoch. Halte ihn beim Abwurf ein Stück vor der Mitte am Rumpf fest. Richte ihn mit der Spitze leicht nach oben hin aus und wirf ihn mit etwas höherer Geschwindigkeit.

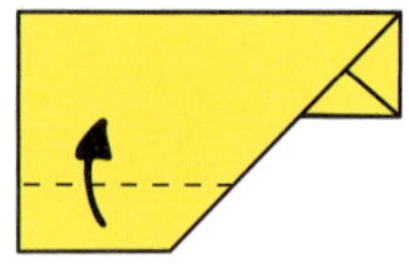

⑯ Falte an beiden Flügeln einen fingerbreiten Streifen nach oben um.

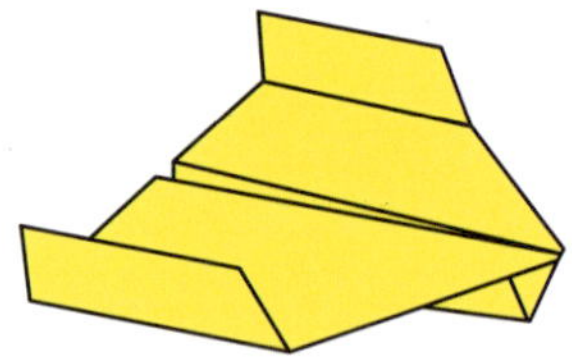

⑰ Falte den Flieger so auf, dass die Flügel ganz leicht nach oben geneigt sind und die Flügelränder senkrecht hochstehen.

WIND-SURFER

Dieser Flieger lässt sich weit vom Wind tragen und schlägt dabei sanft mit den Flügeln.

FALTUNG:	★★★☆☆	GESCHWINDIGKEIT:	★★☆☆☆
ABWURF:	★★★☆☆	WEITE:	★★★★★
COOLNESSFAKTOR:	★★★★★	HÖHE:	★★☆☆☆
FLUGDAUER:	★★★★★	FLUGBAHN:	MIT WELLEN-BEWEGUNGEN

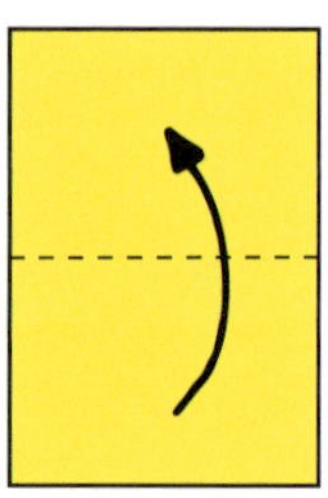

❶ Falte ein Blatt Papier in der Mitte. Die Öffnung zeigt nach oben.

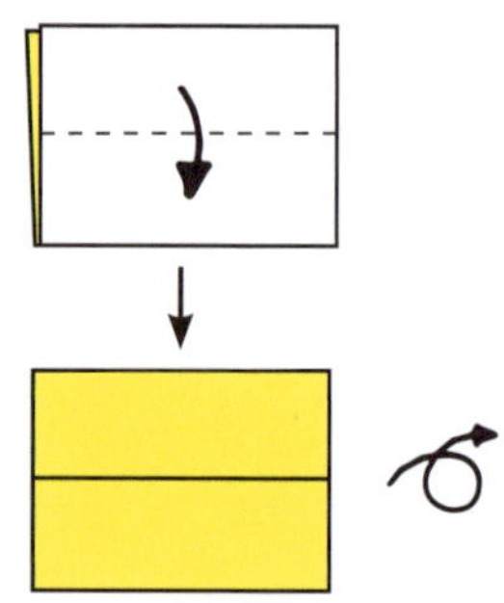

❷ Falte die obere Lage zum unteren Rand und wende das Papier.

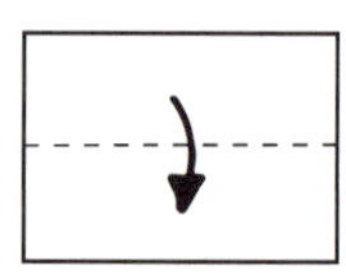

❸ Falte auch die andere Lage zum unteren Rand.

❹ Falte die obere Lage nun diagonal von Ecke zu Ecke. Wende das Papier.

❺ Falte auch die andere Seite diagonal und wende das Papier erneut.

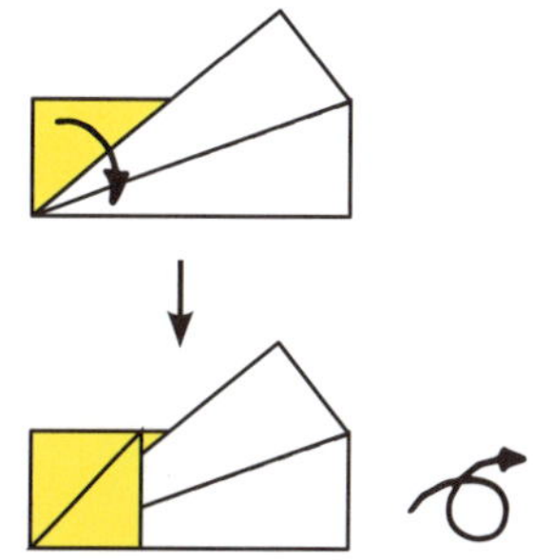

❻ Die Flügel liegen links oben. Falte die obere Lage der oberen rechten Ecke nach unten bis zur Kante. Wende das Papier.

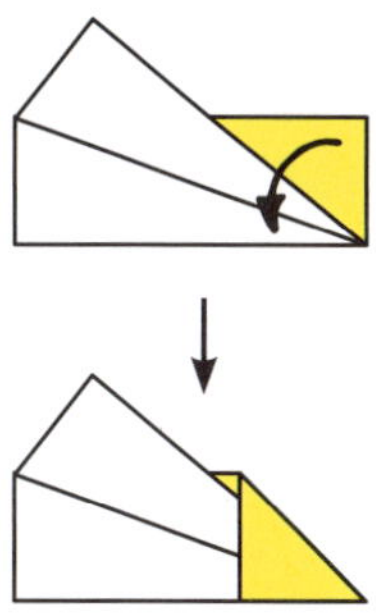

❼ Wiederhole Schritt 6 auch auf der anderen Seite.

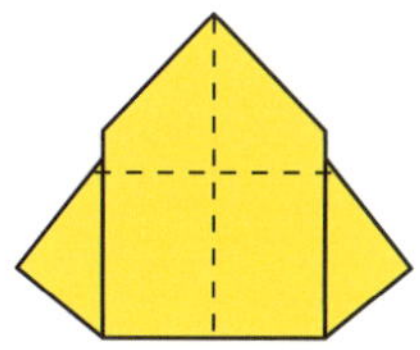

❽ Falte das Papier in der Mitte auf und leg es so vor dich, dass die Spitze nach oben zeigt.

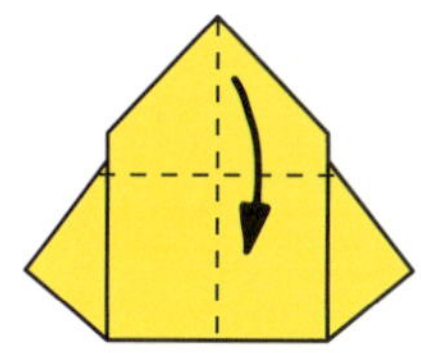

❾ Falte die obere Spitze zum unteren Rand hin.

❿ Falte die obere rechte und die obere linke Ecke bis zum Rand des Spitzendreiecks.

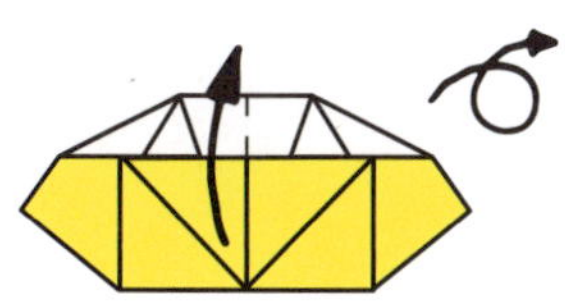

⓫ Falte die Spitze wieder hoch, sodass in Höhe der in Schritt 10 gefalteten Spitzen eine Faltlinie entsteht, und wende das Papier.

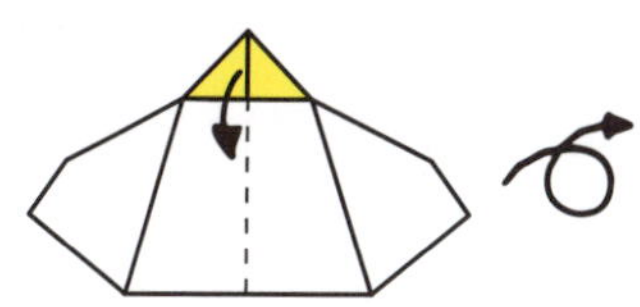

⓬ Falte die Spitze nach unten. Wende das Papier erneut.

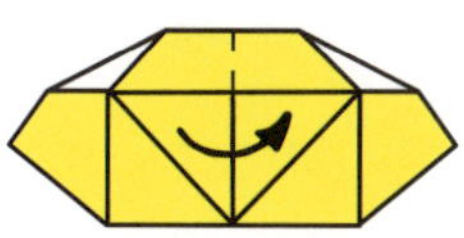

⓭ Falte das Papier in der Mitte.

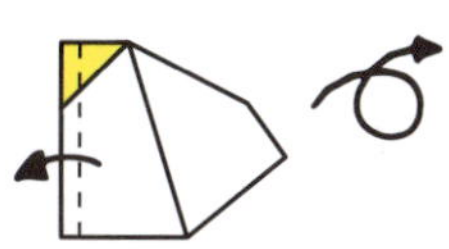

⓮ Falte den oberen Flügel nach links, aber so, dass ein kleiner Rumpf entsteht. Wende deinen Flieger.

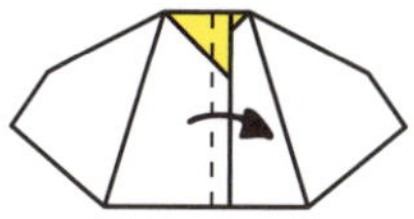

⓯ Falte den anderen Flügel über den ersten.

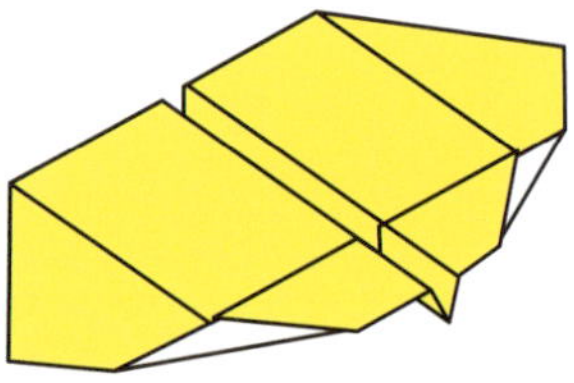

⑯ Öffne den Flieger anschließend so, dass die Flügel leicht nach oben zeigen.

PILOT:INNEN-TIPP:

Lass diesen Flieger aus einem Fenster in einer oberen Etage oder von einem Klettergerüst aus fliegen. Am schönsten fliegt er bei leichtem Wind. Dann kannst du beobachten, wie der Wind den Flieger immer wieder ein Stück nach oben trägt, bevor er schließlich sanft landet. Zum Abwurf hältst du den Wind-Surfer vorne an der dickeren Stelle des Rumpfes.

LOOP-SLIDER

Dieser Flieger schlägt im Flug sanft mit den Flügeln.

FALTUNG:	★★★★☆	GESCHWINDIGKEIT:	★★☆☆☆
ABWURF:	★★★★☆	WEITE:	★★☆☆☆
COOLNESSFAKTOR:	★★★☆☆	HÖHE:	★★☆☆☆
FLUGDAUER:	★★☆☆☆	FLUGBAHN:	LOOPING/KURVEN

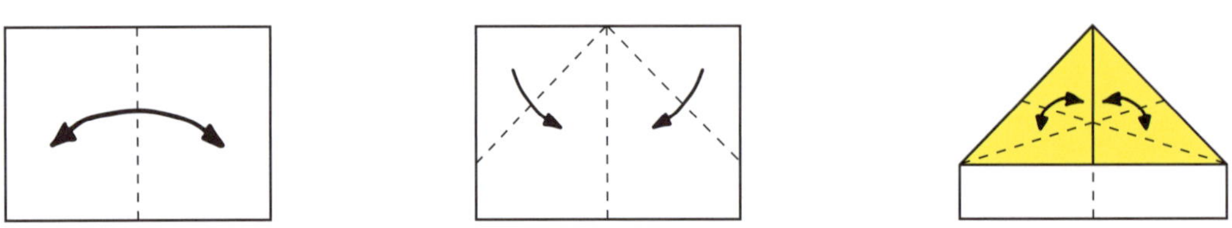

① Falte das Papier mittig und wieder auseinander.

② Falte die beiden oberen Ecken zur Mittellinie hin.

③ Falte die linke Kante zur linken unteren Kante des Dreiecks und wieder auseinander. Wiederhole diesen Schritt auf der rechten Seite.

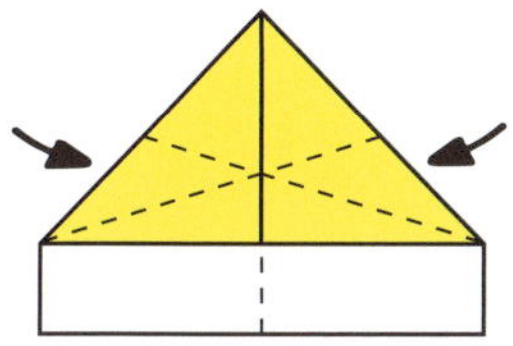

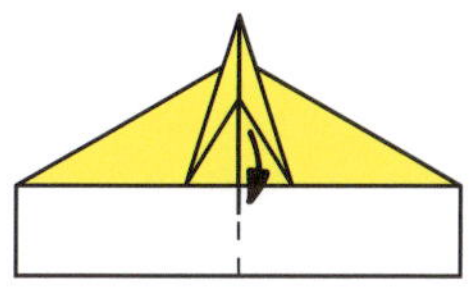

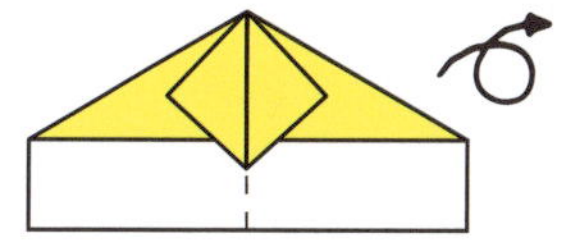

❹ Falte die beiden oberen Seiten des Dreiecks zur unteren Seite des Dreiecks. In der Mitte entsteht nun ein kleines Dach.

❺ Ziehe die unteren Kanten des Dachs noch einmal nach. Dann faltest du das Dach nach unten, sodass eine Raute entsteht.

❻ Wende das Blatt.

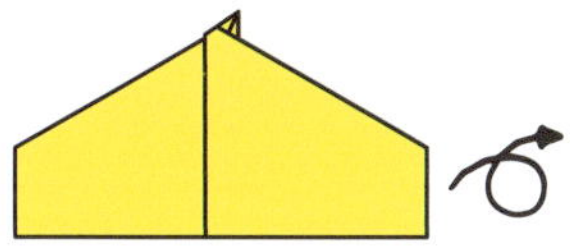

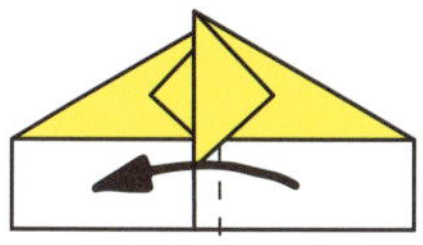

❼ Falte es einmal in der Mitte.

❽ Den oberen Flügel faltest du nun so zurück, dass unten ein fingerbreiter Keil entsteht. Wende das Blatt.

❾ Falte den anderen Flügel ebenfalls, sodass beide Flügel übereinanderliegen.

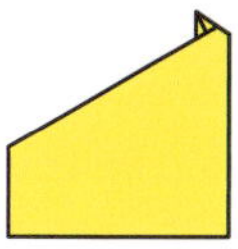

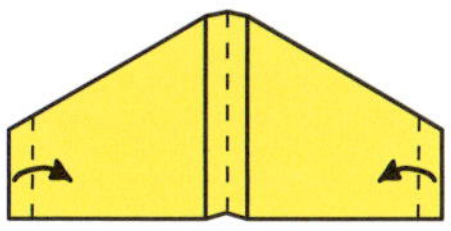

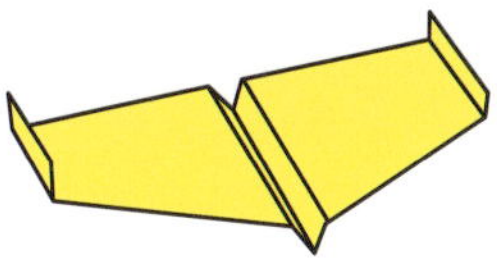

❿ Öffne das Blatt, sodass der Keil unten liegt.

⓫ Falte die Ränder beider Flügel fingerbreit nach oben und stelle sie senkrecht zum Flügel auf. Richte die Flügel so auf, dass sie leicht nach oben zeigen.

⓬ Fertig ist dein Loop-Slider!

PILOT:INNEN-TIPP:

Halte den Flieger im vorderen Drittel am Keil fest und wirf ihn sanft ab. Für einen Looping wirfst du ihn sanft nach oben hin ab. Biege die Flügel mal etwas weiter nach oben und mal nach unten und teste, was passiert. Versuch auch mal, ihn etwas stärker abzuwerfen. Bei leichtem Wind kannst du zudem beobachten, wie die Flügel sanft flattern.

WINGSWING

Dieser Gleiter fliegt einen weiten Bogen und die Flügel flattern dabei im Wind.

FALTUNG:	★★★☆☆	GESCHWINDIGKEIT:	★★★☆☆
ABWURF:	★★☆☆☆	WEITE:	★★★★☆
COOLNESSFAKTOR:	★★★★☆	HÖHE:	★★★☆☆
FLUGDAUER:	★★★☆☆	FLUGBAHN:	WEITER BOGEN MIT FLÜGELSCHLAG

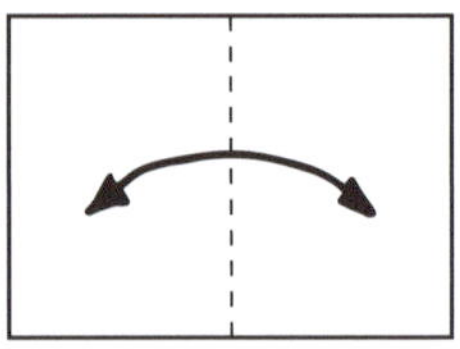

1 Falte das Papier mittig und wieder auseinander.

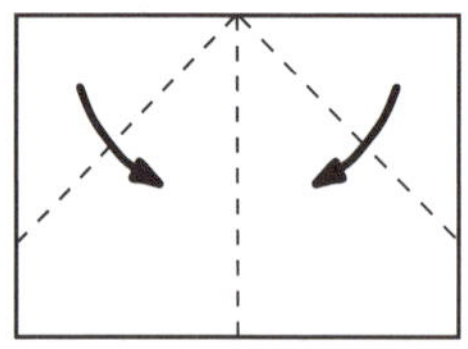

2 Dann faltest du die beiden oberen Ecken zur Mittellinie hin.

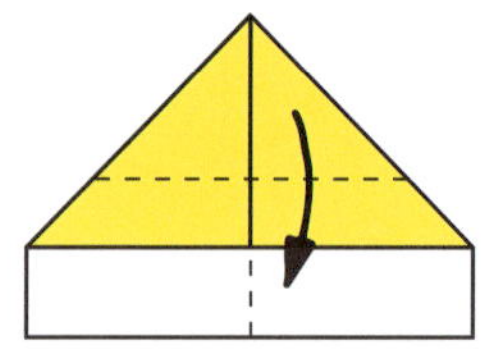

3 Falte die obere Spitze zum unteren Rand.

4 Anschließend faltest du die Spitze so hoch, dass die Faltlinie auf dem unteren Rand des in Schritt 2 entstandenen Dreiecks liegt. Falte die Spitze danach wieder zurück.

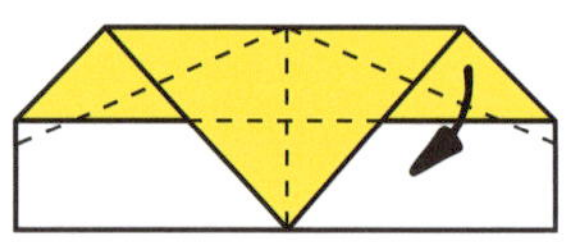

5 Jetzt faltest du den oberen Rand rechts so nach unten, dass er die rechte Ecke des in Schritt 4 entstandenen Dreiecks in der Mitte berührt.

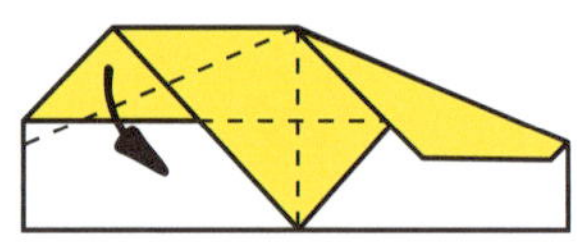

6 Wiederhole Schritt 5 auch für die linke Seite.

7 Falte die in der Mitte liegende Spitze wieder hoch.

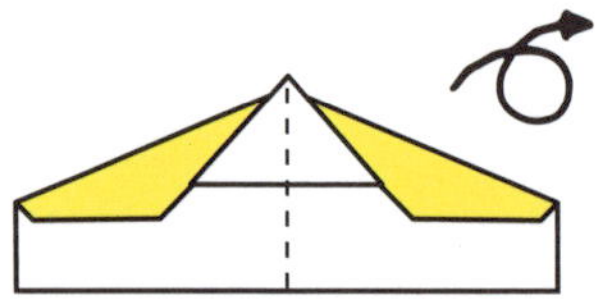

8 Wende das Papier.

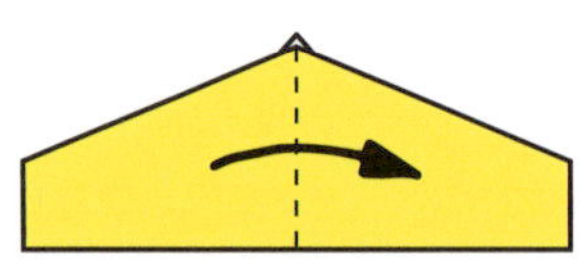

9 Falte den Flieger in der Mitte, sodass die Flügel aufeinanderliegen.

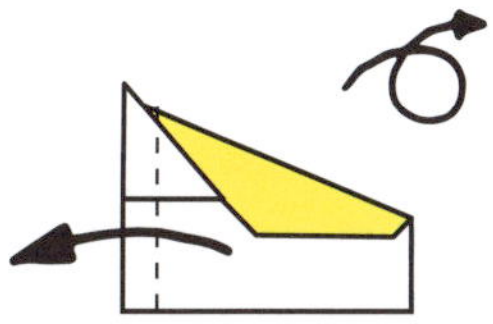

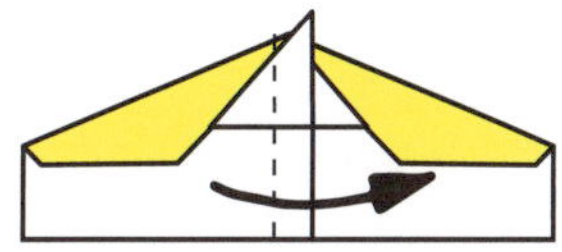

⑩ Den oberen Flügel faltest du nun so zurück, dass ein Keil am Rumpf des Fliegers entsteht. Wende das Papier.

⑪ Falte den zweiten Flügel genau darüber.

⑫ Falte am Ende des oben liegenden Flügels einen schmalen Rand und wende das Papier.

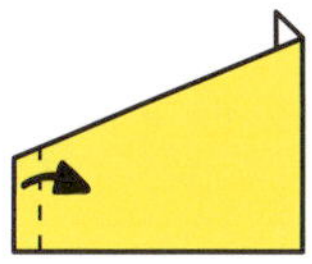

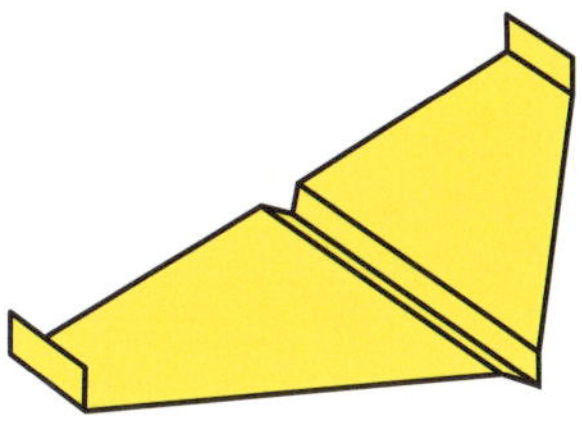

⑬ Wiederhole Schritt 12 auch für den anderen Flügel.

⑭ Richte deinen Flieger, sodass die Flügel leicht nach oben zeigen und die Flügelkanten senkrecht zu den Flügeln stehen.

PILOT:INNEN-TIPP:

Halte den Flieger im vorderen Drittel fest und wirf ihn sanft nach oben hin ab. Bei leichtem Wind lässt sich besonders gut beobachten, wie die Flügel im Flug schlagen.

SENKRECHTSTARTER

Bei festem Abwurf fliegt dieser Gleiter fast senkrecht nach oben, bleibt einen Moment stehen und gleitet dann in einer sanften Wellenbewegung zu Boden. Je nach Flügelstellung kann er auch in einer großen Kurve zu dir zurückkommen.

FALTUNG:	★☆☆☆☆	GESCHWINDIGKEIT:	★★★★☆
ABWURF:	★★★☆☆	WEITE:	★★★★★
COOLNESSFAKTOR:	★★★★☆	HÖHE:	★★★★★
FLUGDAUER:	★★★★☆	FLUGBAHN:	BUMERANG MÖGLICH

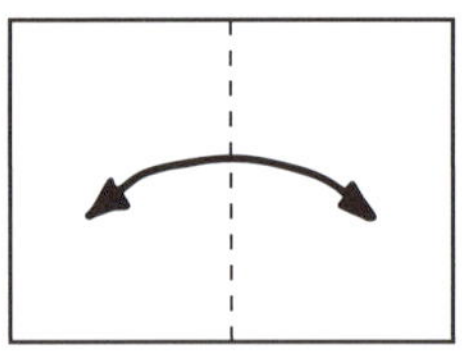

1 Falte ein Papier in der Mitte und wieder auseinander.

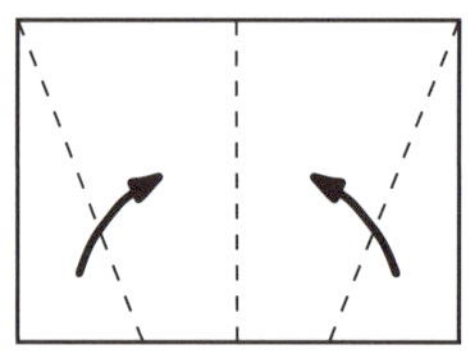

2 Jetzt faltest du die unteren Ecken so zur Mittellinie hin, dass die Faltlinie genau an den oberen Ecken endet.

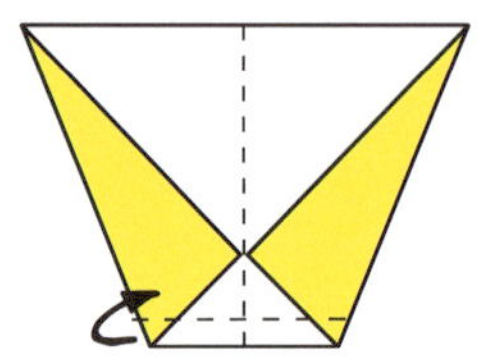

3 Falte unten einen Streifen hoch.

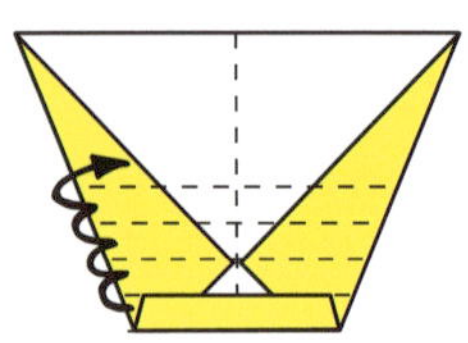

4 Falte diesen Streifen noch viermal um.

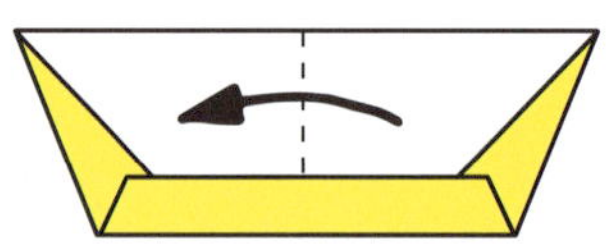

5 Falte das Papier in der Mitte.

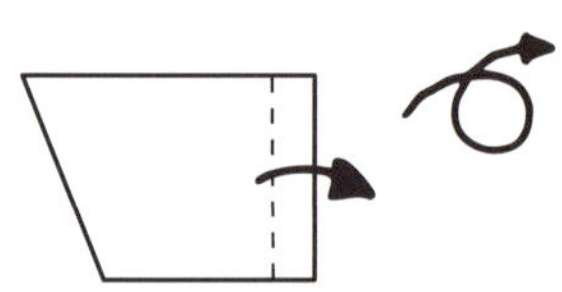

6 Dann faltest du den oberen Flügel so um, dass ein fingerbreiter Keil am Rumpf des Fliegers entsteht. Wende das Papier.

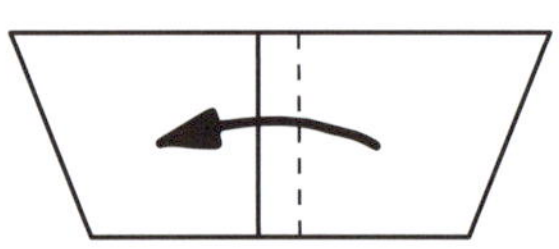

7 Falte den zweiten Flügel genau über den ersten.

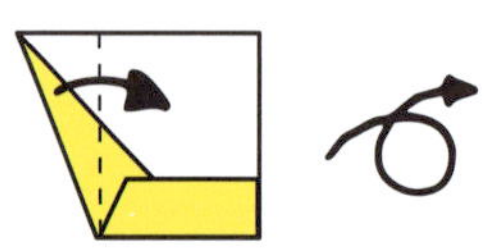

8 Falte nun den Rand des oberen Flügels so, dass die Hinterkanten genau aufeinanderliegen und die Faltlinie an der vorderen Ecke endet. Wende den Flieger.

9 Wiederhole Schritt 8 auch für die andere Seite.

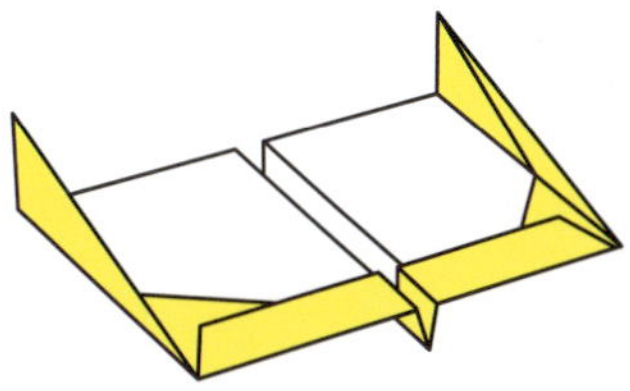

⑩ Richte die Flügel so auf, dass sie leicht nach oben geneigt sind und die Kanten senkrecht stehen.

PILOT:INNEN-TIPP:

Halte den Flieger vorne am Rumpf und experimentiere ein wenig mit der Abwurfstärke. Bei festem Abwurf startet er nach oben. Justiere die Flügel zudem nach jedem Versuch ein bisschen. Je nach Flügelstellung beschreibt der Flieger ganz unterschiedliche Flugkurven und kann sogar zu dir zurückkommen. Auf jeden Fall brauchst du viel Platz, denn dieser kleine Kerl ist ein echter Flugkünstler. Bei sanftem Abwurf fliegt er richtig weit.

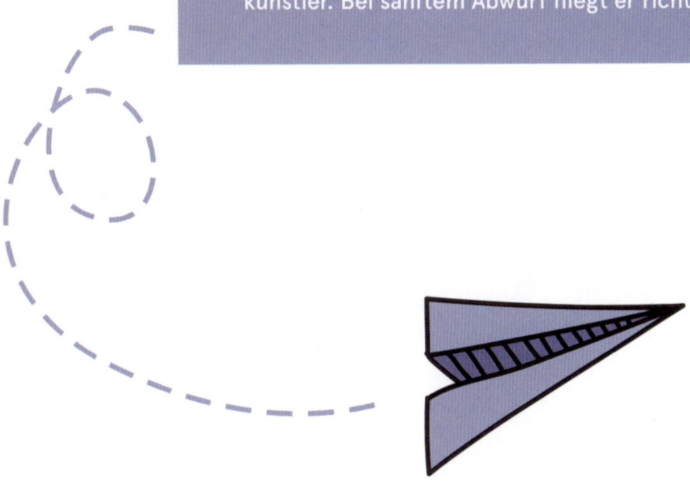

AUSSER-GEWÖHNLICHE FLIEGER

In diesem Kapitel erwarten dich Gleiter mit besonders spannenden Formen und aufregenden Flugeigenschaften.
Schnapp dir Papier und leg los!

PLAYLIST: AUSSER-GEWÖHNLICHE FLIEGER

In dieser Playlist findest du die einzelnen Flugvideos der außergewöhnlichen Flieger.

WOLKENGLEITER

SCHWIERIGKEIT ★☆☆

Dieser Flieger schwebt scheinbar schwerelos durch die Luft. Unfassbar, wie weit er gleitet!

FALTUNG:	★★☆☆☆	GESCHWINDIGKEIT:	★☆☆☆☆
ABWURF:	★★☆☆☆	WEITE:	★★★★☆
COOLNESSFAKTOR:	★★☆☆☆	HÖHE:	★★☆☆☆
FLUGDAUER:	★★★★★	FLUGBAHN:	ELEGANT

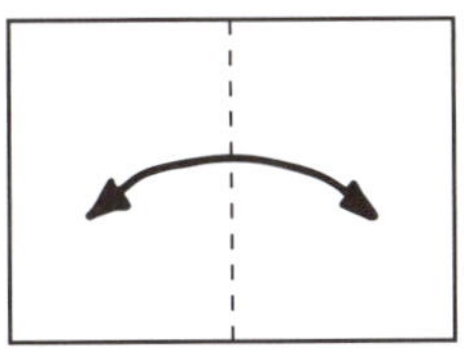

1 Falte ein Blatt Papier mittig und wieder auseinander.

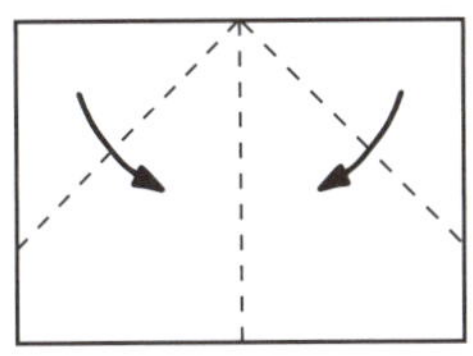

2 Falte die beiden oberen Ecken zur Mitte hin.

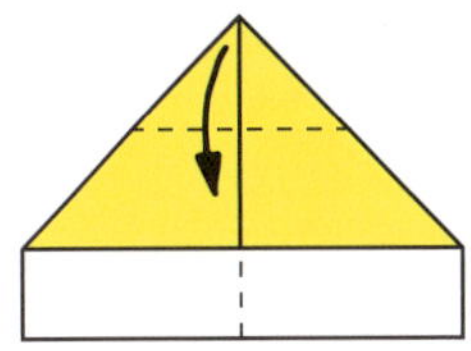

3 Falte nun die obere Spitze nach unten bis an die Unterkante der in Schritt 2 gefalteten Dreiecke.

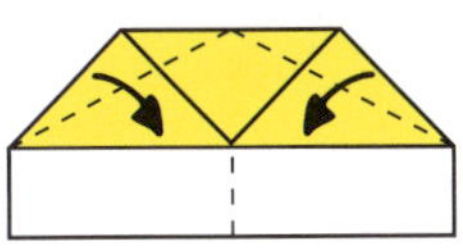

4 Falte dann die oberen seitlichen Kanten nach unten hin, sodass oben eine Spitze entsteht.

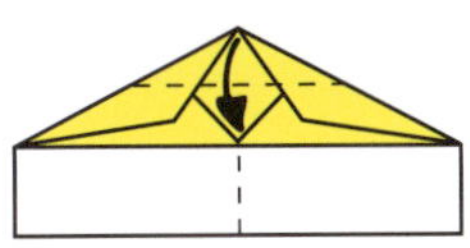

5 Jetzt faltest du die neu entstandene Spitze ebenfalls nach unten, sodass sie mit der Unterkante der Dreiecke abschließt.

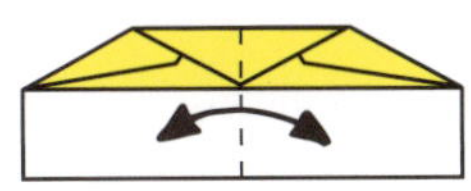

6 Falte deinen Gleiter in der Mitte, und zwar in beide Richtungen: nach vorne und nach hinten.

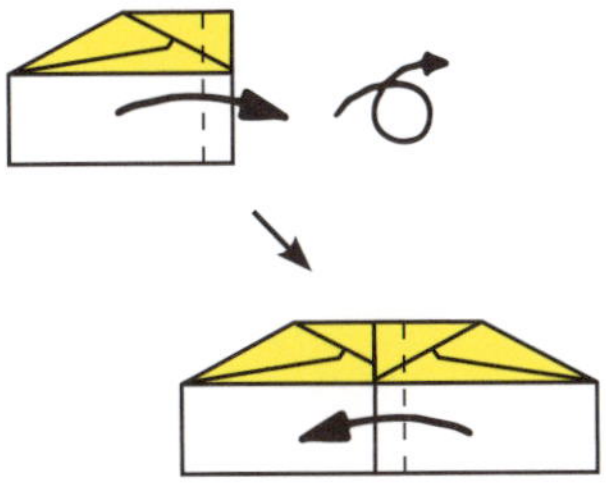

7 Anschließend faltest du den oben liegenden Flügel so um, dass ein Keil am Flugzeugrumpf entsteht. Wende den Flieger und falte den zweiten Flügel über den ersten.

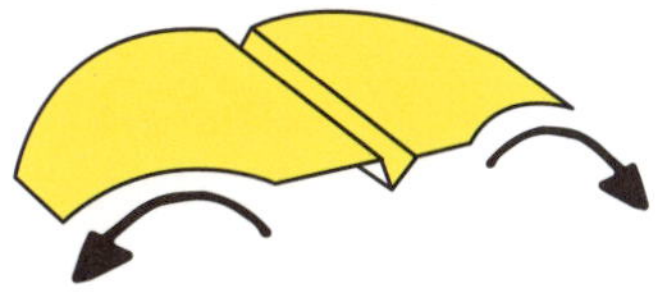

8 Falte den Flieger auf und runde die Flügel ab, indem du sie über einen Finger oder einen dicken Stift ziehst, sie sollten sanft abgerundet nach unten geneigt sein.

9 Zum Schluss faltest du die hinteren Kanten noch leicht hoch, aber nur wenige Millimeter breit.

10 Fertig ist der Wolkengleiter!

PILOT:INNEN-TIPP:

Zum Abwurf hältst du den Gleiter im vorderen Teil des Rumpfes fest. Wirf ihn mit wenig Kraft ab. Besonders beeindruckend sieht es aus, wenn man den Wolkengleiter aus einem Fenster in einer oberen Etage wirft. Dann kannst du beobachten, wie die Flügel sanft schlagen und vom Wind getragen werden.

SALTO-STAR

Wirf diesen kleinen Flitzer aus hoher Höhe ab, dann dreht er sich er mit unzähligen Saltos zu Boden.

FALTUNG:	★☆☆☆☆	GESCHWINDIGKEIT:	★★★★☆
ABWURF:	★★☆☆☆	WEITE:	★☆☆☆☆
COOLNESSFAKTOR:	★★★★☆	HÖHE:	★☆☆☆☆
FLUGDAUER:	★★★☆☆	FLUGBAHN:	DREHWURM

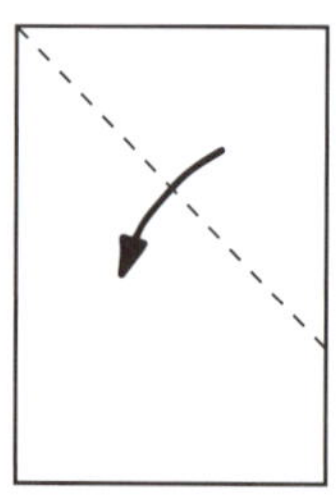

1 Leg das Blatt längs vor dich hin und falte eine obere Ecke zur gegenüberliegenden Kante hin.

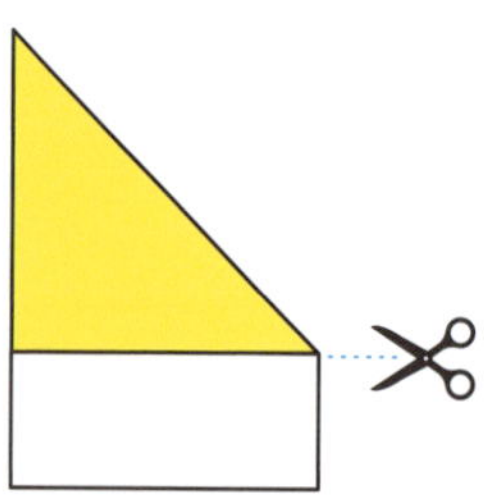

2 Schneide den überstehenden Streifen ab.

3 Falte das Dreieck erneut in der Mitte und öffne es wieder.

❹ Lege das Dreieck mit der Spitze nach oben vor dich hin und falte die Spitze so nach unten, dass sie ein Stück über der Kante steht.

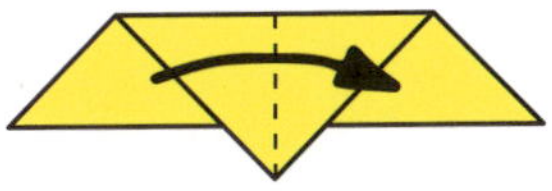

❺ Falte das Papier in der Mitte (an der bereits bestehenden Faltlinie).

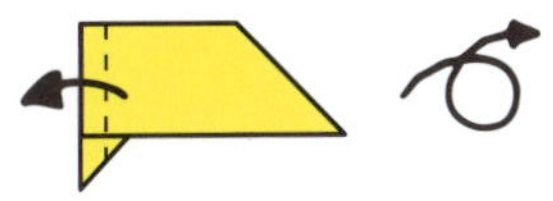

❻ Jetzt faltest du den oben liegenden Flügel so zurück, dass ein Keil am Rumpf des Fliegers entsteht. Wende das Papier.

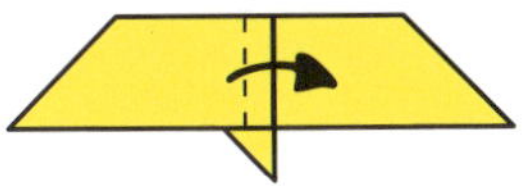

❼ Falte auch den zweiten Flügel, sodass er genau über dem ersten liegt.

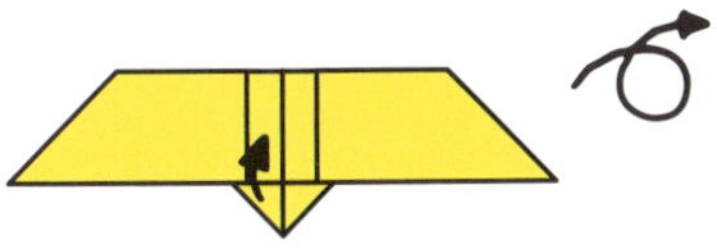

❽ Öffne den Flieger und falte die Spitze nach innen. Wende das Papier und schließe den Flieger wieder.

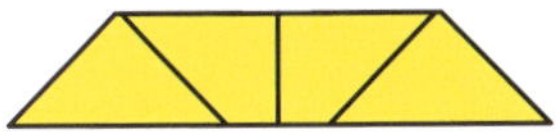

❾ Richte die Flügel so, dass sie in einer Linie liegen.

❿ Fertig ist der Salto-Star. Lass ihn fliegen und sieh zu, wie er Saltos schlägt.

PILOT:INNEN-TIPP:

Lass den Gleiter von einem Klettergerüst oder aus einem Fenster in einer oberen Etage los. Halte ihn dabei in der Mitte des Rumpfes. Achte darauf, dass die breitere Flügelseite vorne liegt, und lass sie beim Loslassen nach vorne kippen, damit der Salto-Star in die Drehbewegung kommt. Er dreht sich so schnell, dass deine Augen es kaum nachverfolgen können.

AIR BREAKER

Dieser Flieger ist echt besonders. Er sieht nicht nur außergewöhnlich aus, sondern fliegt auch noch richtig weit.

FALTUNG:	★★★★★	GESCHWINDIGKEIT:	★★★★☆
ABWURF:	★★☆☆☆	WEITE:	★★★★★
COOLNESSFAKTOR:	★★★★☆	HÖHE:	★★★★★
FLUGDAUER:	★★★★★	FLUGBAHN:	WEIT/HOCH

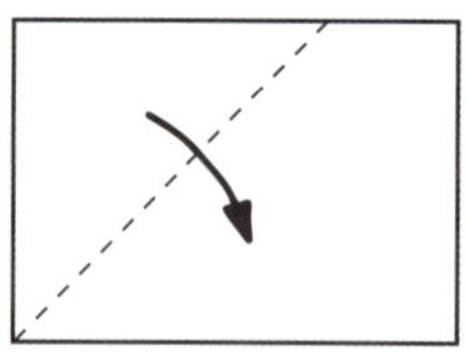

1 Falte die obere linke Ecke deines Papiers zum unteren Rand.

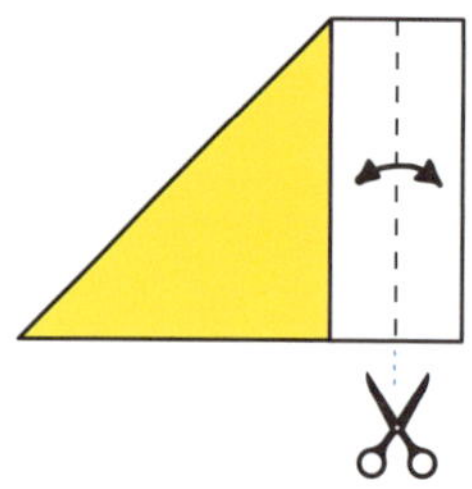

2 Falte den überstehenden Rand zur Hälfte und wieder auseinander. Schneide die Hälfte des Rands ab und lege sie zur Seite.

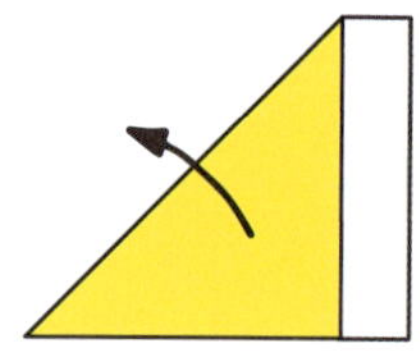

3 Falte die Ecke wieder auseinander.

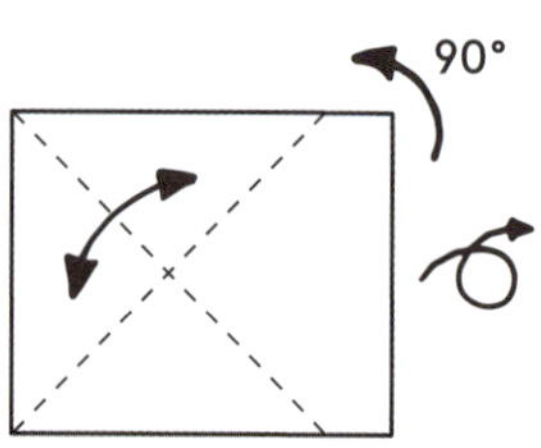

4 Falte die untere linke Ecke zum oberen Rand und wieder auseinander. Wende das Papier und drehe es so, dass der Rand oben liegt.

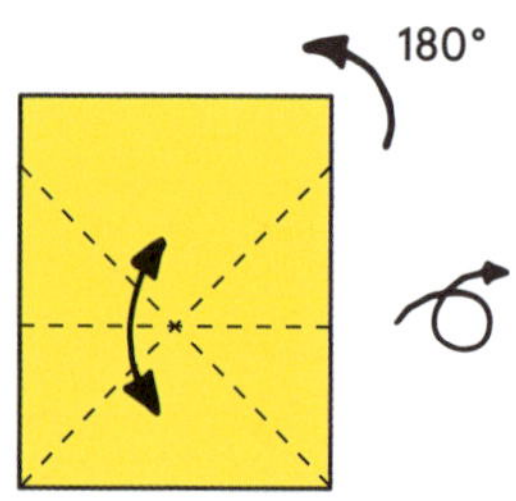

5 Falte die untere Seite nach oben. Die Faltlinie verläuft durch den Mittelpunkt des Kreuzes. Falte das Papier wieder auseinander. Wende das Papier und lege es so, dass der Rand unten liegt.

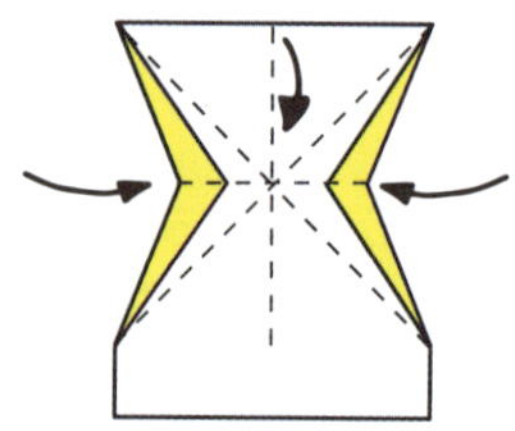

6 Falte nun die seitlichen Dreiecke nach innen und den oberen Teil nach unten, sodass eine dreieckige Spitze entsteht.

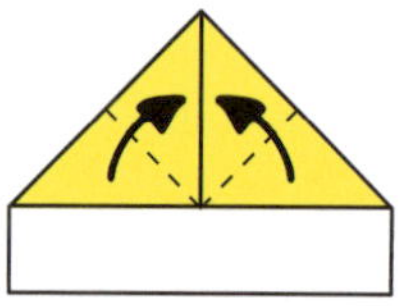

7 Falte die oberen Lagen der unteren Ecken des Dreiecks zur oberen Spitze hin.

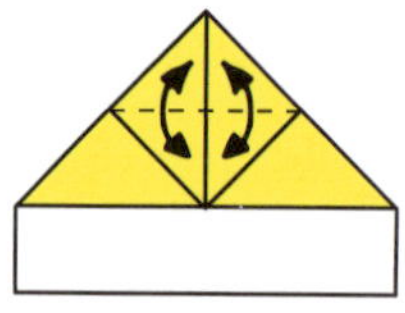

8 Falte dann die oberen Lagen der oberen Ecken nach unten hin – und wieder zurück.

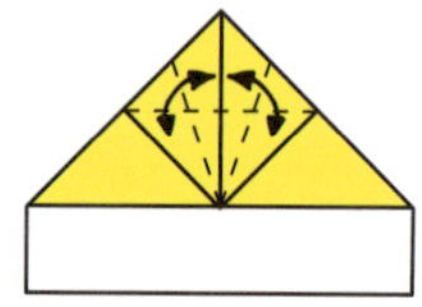

9 Oben siehst du nun eine Raute. Falte die unteren beiden Seiten zur Mitte hin – und wieder zurück.

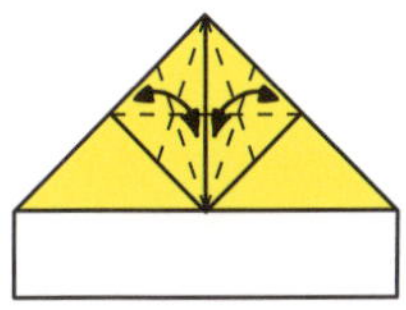

⑩ Falte dann auch die oberen beiden Seiten zur Mitte hin und wieder zurück.

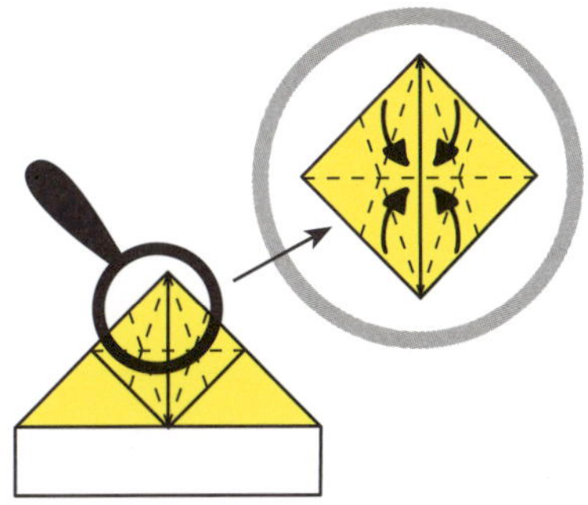

⑪ Falte die seitlichen Kanten der beiden kleinen Dreiecke rechts und links so zur Mitte hin, dass in der Mitte eine Art Dach entsteht. Dieses Dach faltest du zu einem aufrecht stehenden Dreieck zusammen.

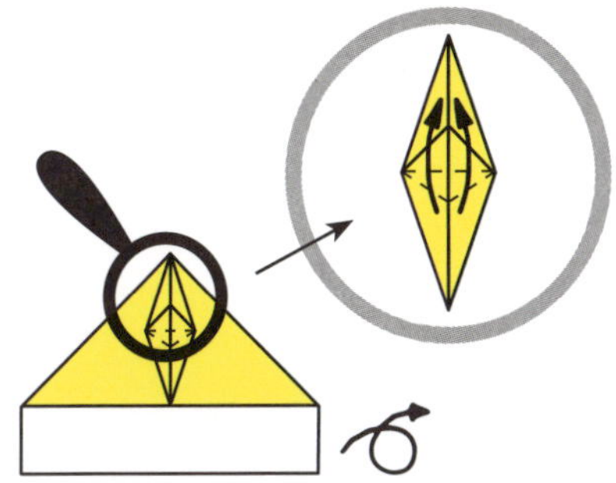

⑫ Falte die beiden aufrechten Dreiecke nach oben um und wende das Papier.

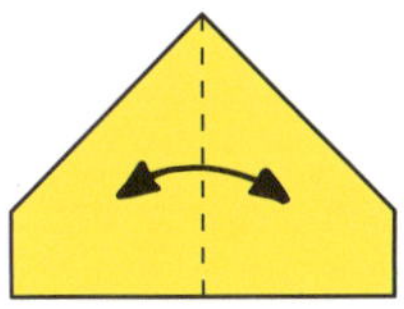

⑬ Falte das Papier einmal in der Mitte – und wieder auseinander.

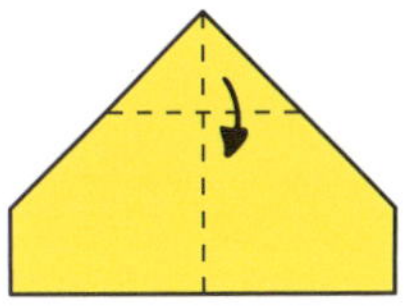

⑭ Falte die obere Lage der Spitze nach unten.

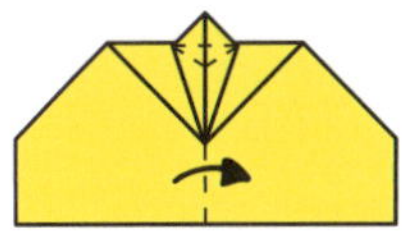

⑮ Falte das Papier wieder in der Mitte.

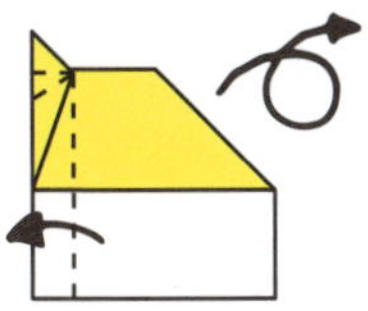

⑯ Falte den nun oben liegenden Flügel oberhalb des vorderen Dreiecks zurück. Wende das Papier.

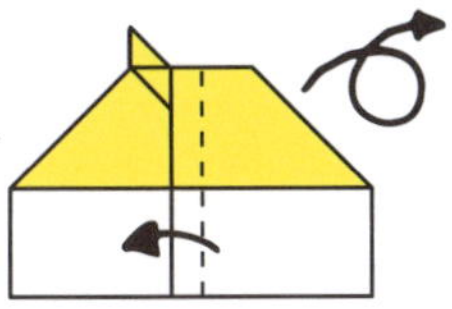

⑰ Falte den zweiten Flügel darüber.

⑱ Falte den Rand des Flügels daumenbreit um. Wende das Papier.

⑲ Falte auch am anderen Flügel einen Rand.

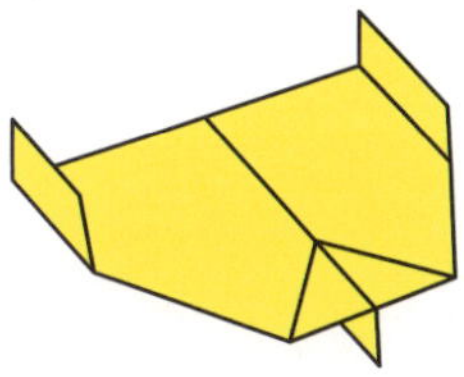

⑳ Richte das Flugzeug so aus, dass die Flügel leicht nach oben zeigen und die Ränder senkrecht stehen.

㉑ Jetzt brauchst du den Papierstreifen. Falte ihn einmal in der Mitte – und wieder auseinander.

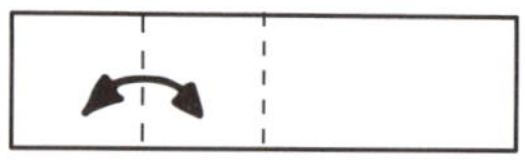

22 Falte die linke Seite zur Mitte hin – und wieder auseinander.

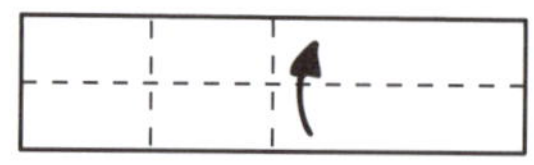

23 Falte den Streifen längs (von unten nach oben).

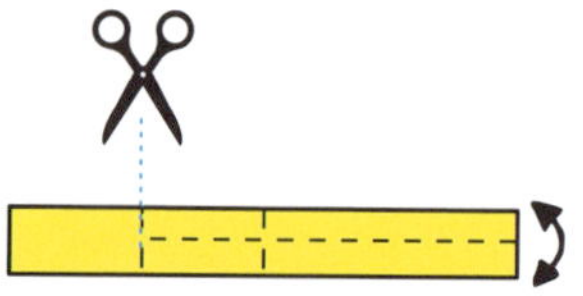

24 Schneide ihn entlang der linken senkrechten Faltlinie bis zur Hälfte ein. Falte die obere Lage der rechten Seite nach unten.

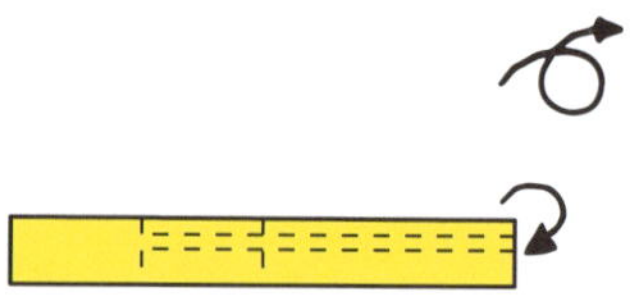

25 Falte das Papier wieder auf und falte den oberen Rand zur Mitte hin. Falte diesen Rand dann noch einmal um und wende anschließend das Papier.

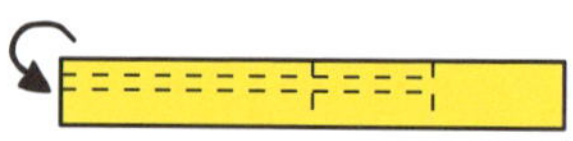

26 Wiederhole die Schritte 24 (ohne das Schneiden) und 25 für diese Seite.

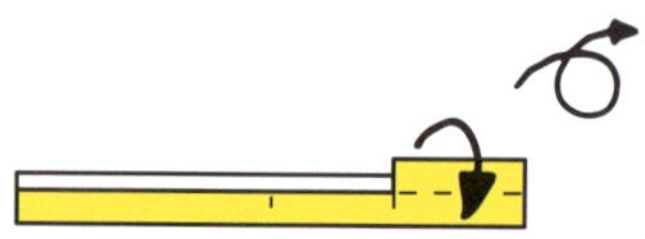

27 Falte die obere Lage der rechten Seite nach unten. Wende das Papier.

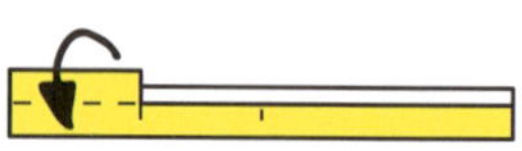

28 Falte auch die obere Lage der anderen Seite nach unten.

29 Richte diese beiden Flächen so auf, dass sie in einer Linie parallel zum Boden stehen.

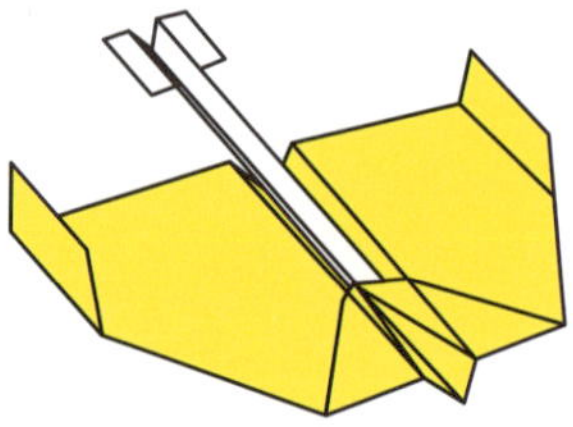

30 Stecke die schmale Seite des Schwanzes unter das Dreieck an der Oberseite deines Fliegers.

PILOT:INNEN-TIPP:

Für diesen Superstar brauchst du Platz! Halte ihn etwas vor der Mitte am Rumpf fest und wirf ihn kräftig nach vorne-oben ab.

DEEP DIVER

Dieser Flieger mit der interessanten Flügelform fliegt tief am Boden, geht dann hoch und segelt wieder sanft nach unten.

FALTUNG:	★★★☆☆	GESCHWINDIGKEIT:	★★☆☆☆
ABWURF:	★★★☆☆	WEITE:	★★☆☆☆
COOLNESSFAKTOR:	★★★☆☆	HÖHE:	★☆☆☆☆
FLUGDAUER:	★★☆☆☆	FLUGBAHN:	AUSSERGEWÖHNLICH

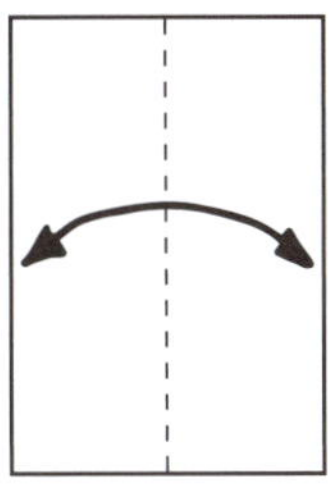

1 Falte ein Papier längs in der Mitte und wieder auseinander.

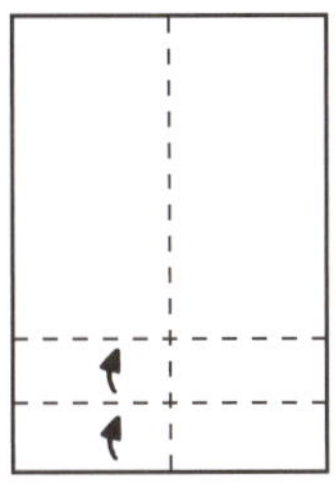

2 Jetzt faltest du unten einen Streifen nach oben (etwa ½ Handbreit). Falte den Streifen ein zweites Mal nach oben.

3 Wende das Papier.

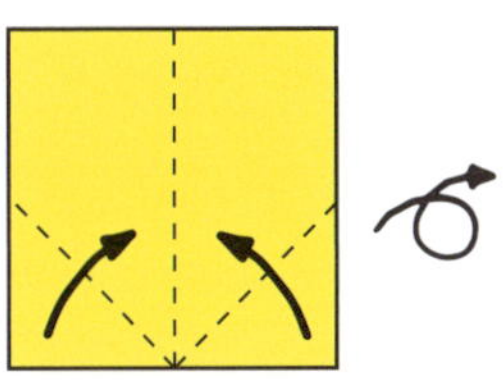

4 Falte die beiden unteren Spitzen (die am gefalteten Ende) zur Mitte hin. Wende das Papier erneut.

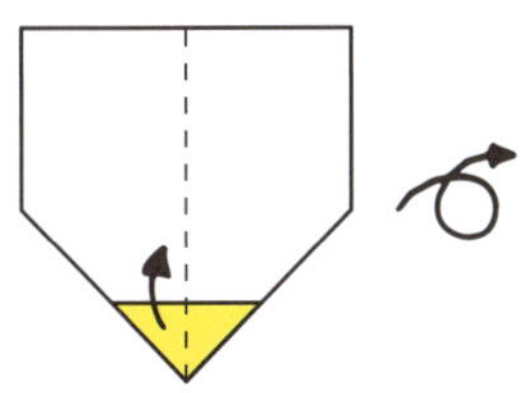

5 Falte die Spitze nach oben und wende das Papier.

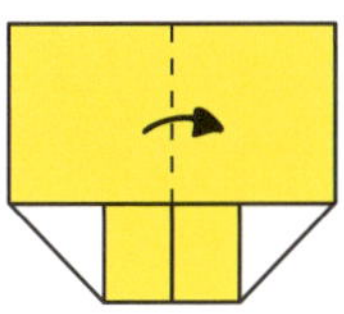

6 Falte den Flieger in der Mitte.

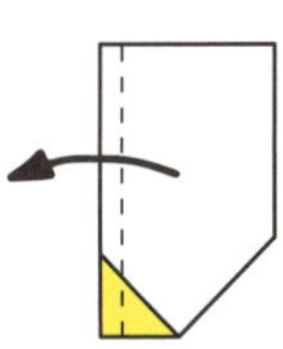

7 Falte den oben liegenden Flügel so zurück, dass am Rumpf ein Keil entsteht. Wende den Flieger.

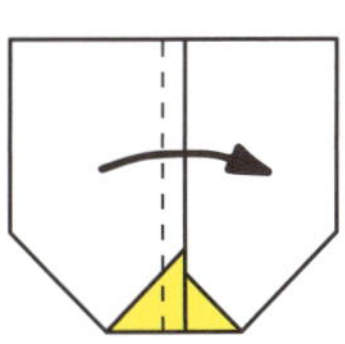

8 Falte den zweiten Flügel darüber.

9 Falte den oben liegenden Flügel leicht schräg zurück, sodass die hintere Spitze ein Stück nach oben herausragt.

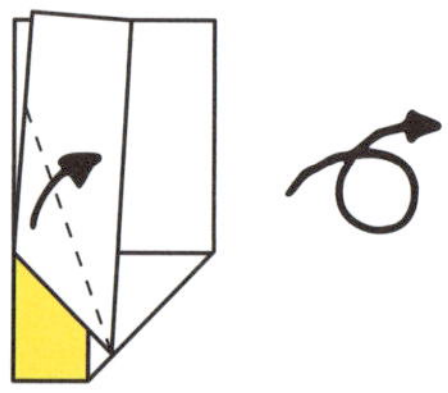

10 Falte die untere Ecke des Flügels so um, dass die schräge, vordere Seite des Flügels mit dem Rand des Flugzeugkörpers abschließt. Wende den Flieger.

11 Wiederhole die Schritte 9 und 10 mit der anderen Seite.

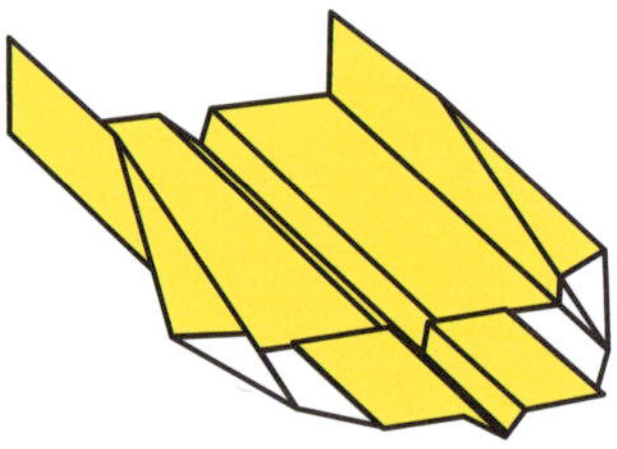

12 Richte den Flieger so aus, dass die Flügel leicht nach oben hin zeigen, die Flügelseiten stehen senkrecht nach oben und die kleinen Klappen an den Flügelenden stehen waagerecht zum Boden.

PILOT:INNEN-TIPP:

Halte deinen Deep Diver im vorderen Drittel des Rumpfes fest. Wirf ihn mit Kraft leicht schräg nach unten ab. Kurz, bevor er den Boden erreicht, steigt er auf und beschreibt noch einmal eine Kurve, bevor er zur Landung ansetzt. Wirfst du ihn nach oben, bleibt er kurz in der Luft stehen, macht dann einen Looping und segelt zu Boden. Je nach Ausrichtung der Flügel kann er auch wie ein Boomerang in einer Kurve zu dir zurückkommen.

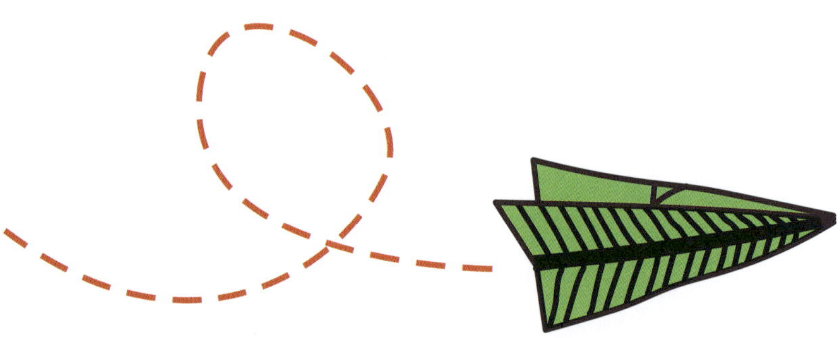

BLITZ-FLYER

Dieser schnittige Flieger sieht nicht nur cool aus, er fliegt auch noch superweit und schnell.

FALTUNG:	★★★☆☆	GESCHWINDIGKEIT:	★★★★★
ABWURF:	★★☆☆☆	WEITE:	★★★★★
COOLNESSFAKTOR:	★★★★★	HÖHE:	★★★★★
FLUGDAUER:	★★★★★	FLUGBAHN:	SUPERSCHNELL

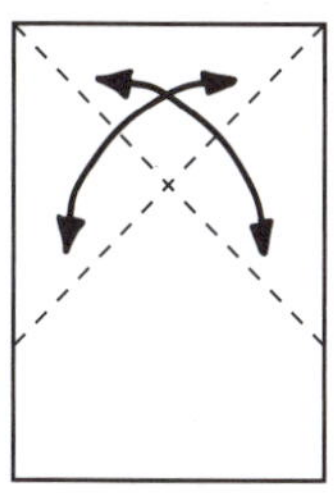

1. Lege das Papier hochkant vor dich. Falte die rechte Ecke zur linken Seite und wieder zurück. Falte die linke Ecke zur rechten Seite und wieder zurück.

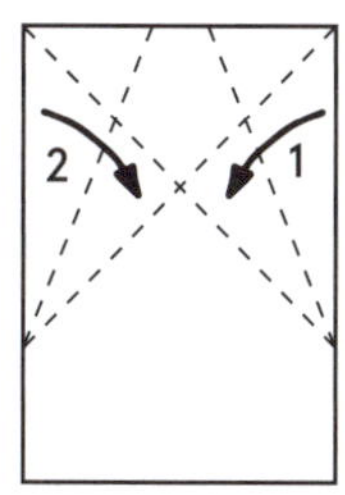

2. Dann faltest du die rechte Ecke zur in Schritt 1 entstandenen Faltlinie, sodass der rechte Rand auf der Faltlinie liegt. Wiederhole das auch mit der linken Seite.

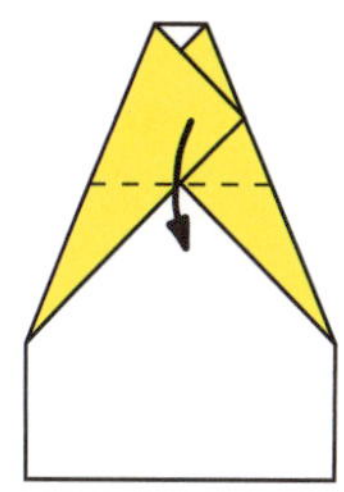

3. Falte die Spitze nach unten, sodass die schrägen Faltlinien genau auf den Kanten der in Schritt 2 umgefalteten Seiten liegen.

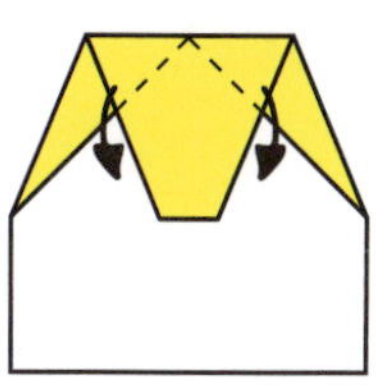

4. Nun faltest du die oberen Ecken zur Mitte hin, sodass eine Spitze entsteht.

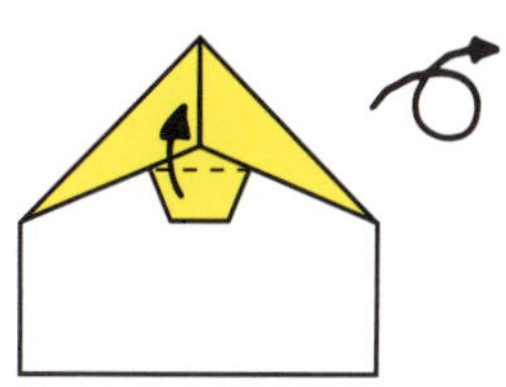

5. Falte das kleine Trapez, das unten herausschaut, nach oben. Wende das Papier.

6. Falte es in der Mitte.

7. Falte den oben liegenden Flügel so um, dass die vordere Flügelseite mit dem Flugzeugrumpf abschließt und wende das Papier.

8. Falte den anderen Flügel darüber.

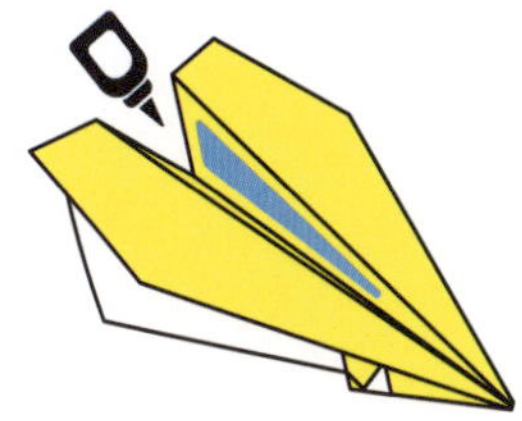

9. Richte den Flieger so aus, dass die Flügel leicht nach oben zeigen. Trag etwas Kleber in der Mitte auf und klebe den Flieger zwischen den Flügeln zusammen.

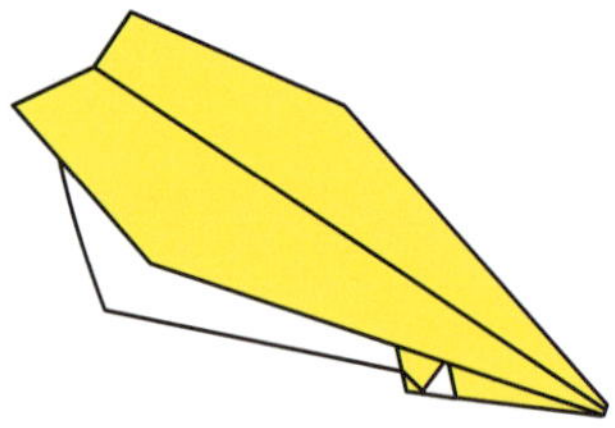

10 Fertig ist der Blitz-Flyer. Lass ihn fliegen und schau zu, wie schnell er ist.

PILOT:INNEN-TIPP:

Halte deinen Super-Flitzer direkt hinter dem dickeren Teil des Rumpfes fest und wirf in kräftig schräg nach oben hin ab.

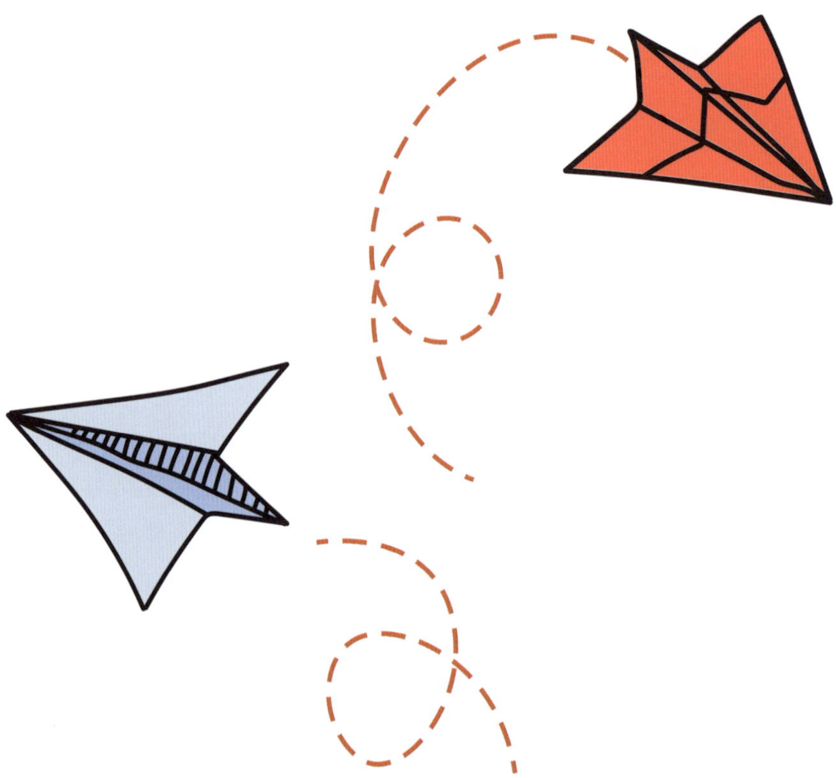

SPACE-RAUMSCHIFF

SCHWIERIGKEIT ★★☆

Dieser Flieger sieht aus wie ein schnittiges Raumschiff auf dem Weg zu fernen Planeten.

FALTUNG:	★★★★☆	GESCHWINDIGKEIT:	★★★☆☆
ABWURF:	★★★☆☆	WEITE:	★★★★☆
COOLNESSFAKTOR:	★★★★★	HÖHE:	★★★☆☆
FLUGDAUER:	★★★☆☆	FLUGBAHN:	WEITE KURVE

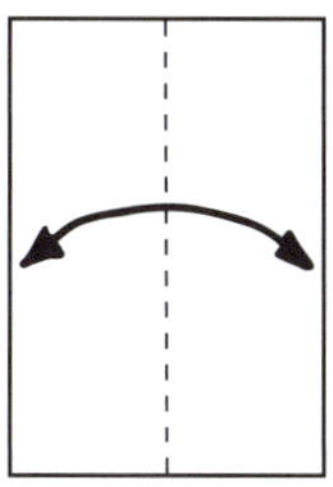

1 Lege das Papier hochkant vor dich hin. Falte es längs in der Mitte und wieder auseinander.

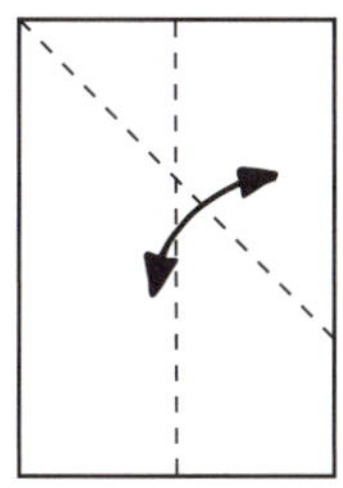

2 Falte die obere rechte Ecke zur linken Seite hin und wieder auseinander.

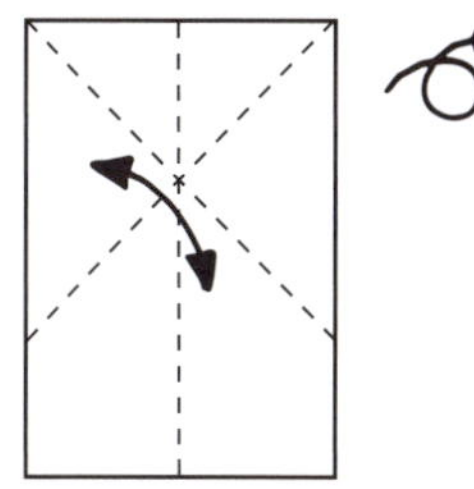

3 Falte die obere linke Ecke zur rechten Seite hin und wieder auseinander. Wende das Papier.

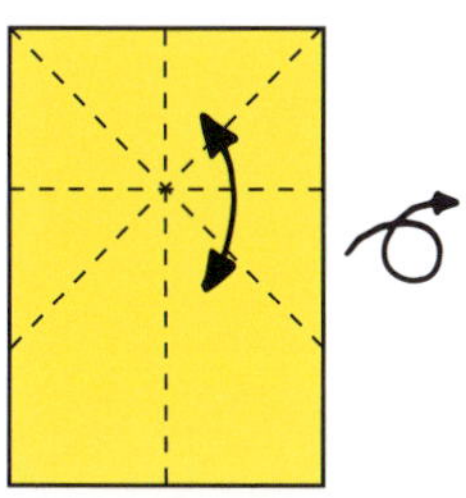

4 Falte die obere Seite so nach unten, dass die Faltlinie auf dem Mittelpunkt des bei dem 2. und 3. Schritt entstandenen Kreuzes liegt. Öffne das Papier wieder und wende es.

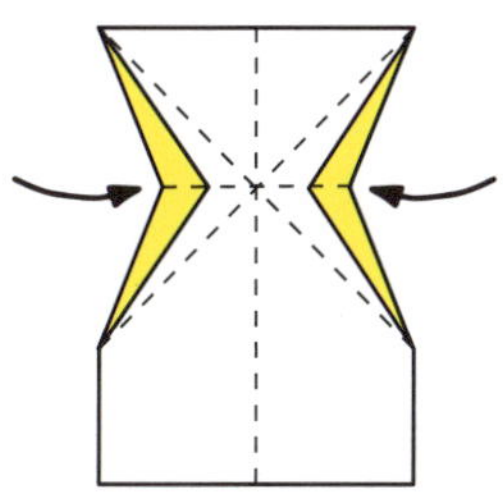

5 Drücke die seitlichen Dreiecke nach innen und klappe das obere Dreieck nach unten. Falte alles flach.

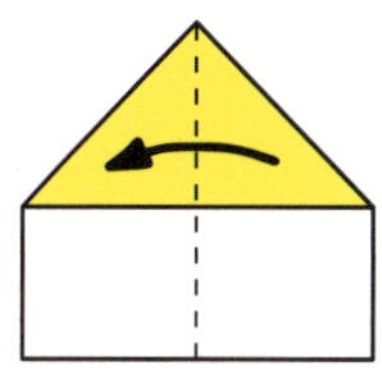

6 Klappe die obere Lage des nun entstandenen Dreiecks von rechts nach links um.

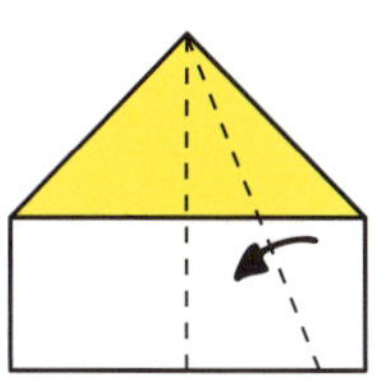

7 Falte die rechte Seite zur Mitte hin.

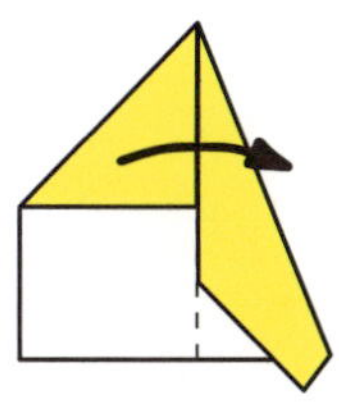

8 Klappe die obere Lage des Dreiecks wieder zurück.

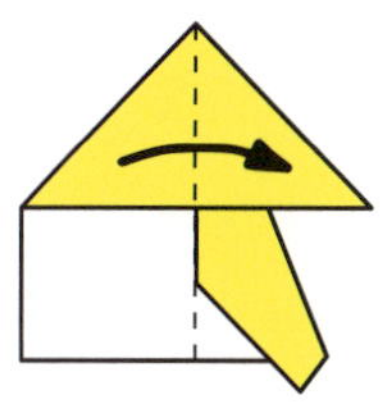

9 Klappe die linke obere Lage des Dreiecks nach rechts um.

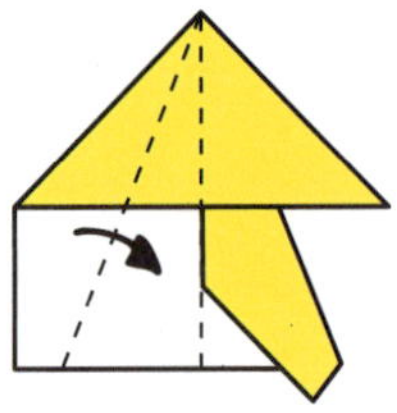

⑩ Falte die linke Seite zur Mitte hin.

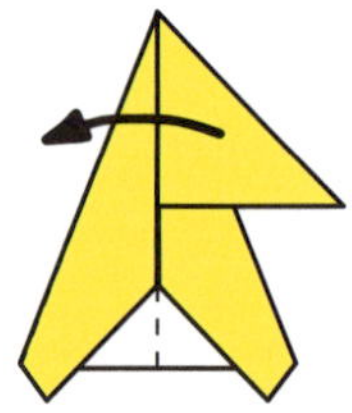

⑪ Klappe die obere Lage des Dreiecks wieder nach links zurück.

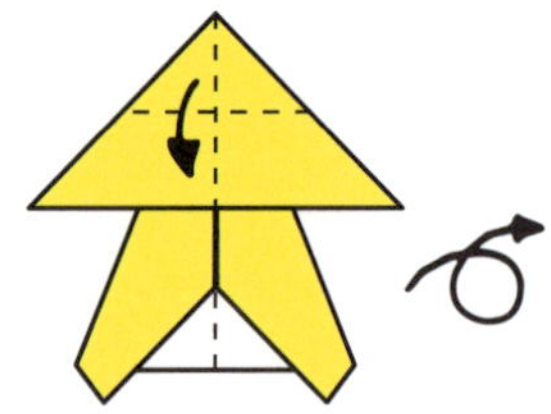

⑫ Falte die Spitze des Dreiecks zur unteren Seite des Dreiecks hin. Wende das Papier.

⑬ Jetzt faltest du dein Raumschiff einmal in der Mitte.

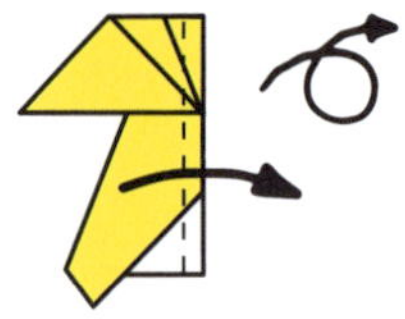

⑭ Falte den nun oben liegenden Flügel so zurück, dass ein Keil am Rumpf entsteht und wende anschließend das Papier.

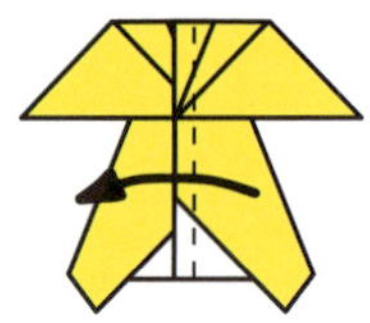

⑮ Falte den anderen Flügel darüber. Richte deinen Flieger so aus, dass die Flügel leicht nach oben geneigt sind.

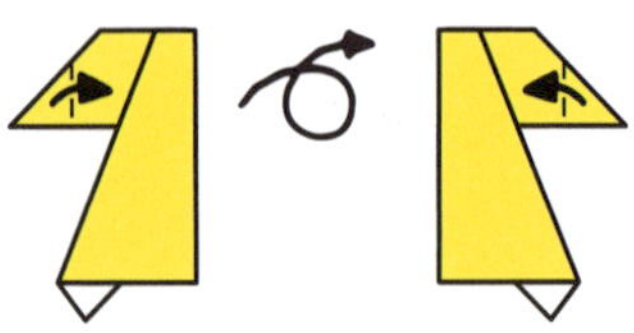

⑯ Zum Schluss knickst du die beiden seitlichen Flügel an den Rändern noch ein Stück um und richtest sie nach oben auf.

⑰ Fertig ist dein Space-Raumschiff.

PILOT:INNEN-TIPP:

Halte den Flieger im vorderen Drittel des Rumpfes fest und wirf ihn sanft nach schräg oben ab.

PAPIERFLIEGER-CHALLENGES

Mach diese Challenges mit deinen Freund:innen!

Weit, weit weg!

IHR BRAUCHT

- Je einen Papierflieger von der gleichen Sorte
- Ein Springseil
- Eine große Wiese oder einen großen Platz
- Bleistift

VORBEREITUNG:
Legt das Springseil lang auf dem Boden aus. Es markiert eure Startlinie. Zeichnet mit Bleistift ein Symbol auf eure Flieger, sodass ihr sie nach dem Wurf wiedererkennt. Stellt euch mit den Fliegern entlang der Startlinie auf.

ABLAUF:
Jetzt werft ihr eure Flieger hintereinander, sodass sie möglichst weit fliegen.

WINNER:
Es gewinnt die Person, deren Flieger am weitesten geflogen ist.

Flugzeug-Designer:in

VORBEREITUNG:
Jede Person erhält ein Blatt Papier. Legt die Stifte in die Tischmitte. Stellt die Stoppuhr auf 10 Minuten ein.

ABLAUF:
Auf die Plätze, fertig, los: Jede Person faltet ihren eigenen Flieger, ganz ohne Anleitung. Anschließend wird der Flieger auch noch cool bemalt.

IHR BRAUCHT

- Weißes Papier, DIN A4
- Stifte
- Stoppuhr

WINNER:
Lasst eure Flieger nach Ablauf der Zeit starten. Nun bewerten alle die Flieger der anderen. Nutzt dazu die Wertungstabellen auf der nächsten Seite.

Flugzeug-Designer: Eure Bewertungen

WERTUNG FÜR

VON	FALTUNG	DESIGN	FLUGVERHALTEN
	☆☆☆☆☆	☆☆☆☆☆	☆☆☆☆☆
	☆☆☆☆☆	☆☆☆☆☆	☆☆☆☆☆
	☆☆☆☆☆	☆☆☆☆☆	☆☆☆☆☆

WERTUNG FÜR

VON	FALTUNG	DESIGN	FLUGVERHALTEN
	☆☆☆☆☆	☆☆☆☆☆	☆☆☆☆☆
	☆☆☆☆☆	☆☆☆☆☆	☆☆☆☆☆
	☆☆☆☆☆	☆☆☆☆☆	☆☆☆☆☆

WERTUNG FÜR

VON	FALTUNG	DESIGN	FLUGVERHALTEN
	☆☆☆☆☆	☆☆☆☆☆	☆☆☆☆☆
	☆☆☆☆☆	☆☆☆☆☆	☆☆☆☆☆
	☆☆☆☆☆	☆☆☆☆☆	☆☆☆☆☆

WERTUNG FÜR

VON	FALTUNG	DESIGN	FLUGVERHALTEN
	☆☆☆☆☆	☆☆☆☆☆	☆☆☆☆☆
	☆☆☆☆☆	☆☆☆☆☆	☆☆☆☆☆
	☆☆☆☆☆	☆☆☆☆☆	☆☆☆☆☆

Zielflieger

VORBEREITUNG:
Schneidet die Vorlage für den Zielring aus, klebt sie auf dünnen Karton und schneidet sie erneut aus. Knotet ein Stück Band oben in den Ring und klebt das andere Ende mit einem kleinen Stück Klebeband oben in einen Türrahmen, sodass der Ring etwa auf Augenhöhe hängt. Legt das Springseil in einiger Entfernung als Startmarkierung auf den Boden.

ABLAUF:
Versucht nun abwechselnd, eure Gleiter durch den Zielring fliegen zu lassen.

WINNER:
Jeder Treffer gibt einen Punkt. Wer zuerst 5 Punkte hat, gewinnt.

IHR BRAUCHT

- Für jede Person einen Flieger (je schmaler und schnittiger desto besser, gut eignet sich zum Beispiel der Shooting Star auf der Seite 42)
- Schere
- Dünne Pappe
- Klebestift
- Band
- Klebestreifen
- Springseil

HINWEIS: Die Vorlage für den Zielring findest du zum Ausschneiden auf den äußeren Klappen des Buches.

SUPER FLITZER

Jetzt wird es richtig turbulent, denn hier findest du die Gleiter der Superlative!

PLAYLIST: SUPER FLITZER

In dieser Playlist findest du die einzelnen Flugvideos der Super-Flitzer.

SUPER JET

SCHWIERIGKEIT ★☆☆

Lass diesen Flieger mithilfe eines Haushaltsgummis starten!

FALTUNG:	★★☆☆☆	GESCHWINDIGKEIT:	★★★★★
ABWURF:	★★★★☆	WEITE:	★★★★★
COOLNESSFAKTOR:	★★★★★	HÖHE:	★★★★★
FLUGDAUER:	★★★★★	FLUGBAHN:	HOCH/WEIT

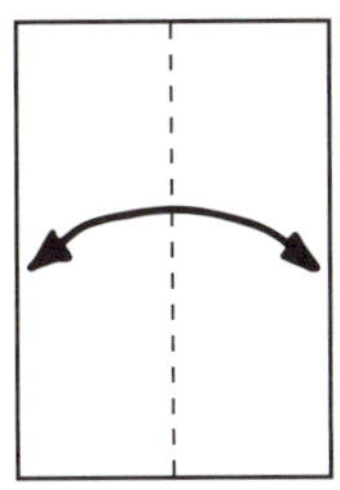

1 Leg das Papier hochkant vor dich hin. Falte es längs in der Mitte und wieder auseinander.

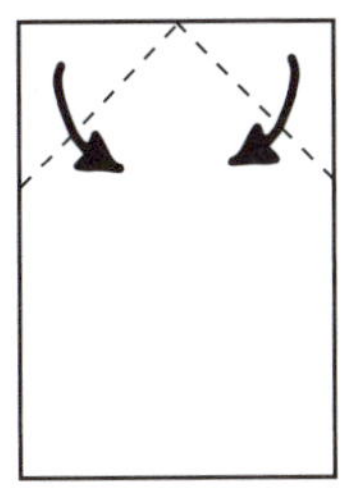

2 Falte die oberen beiden Ecken zur Mitte hin.

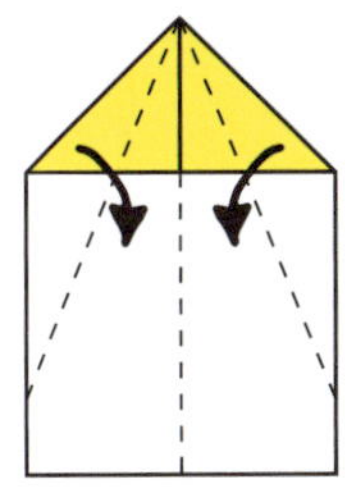

3 Falte die Spitzen noch einmal schmaler, indem du die Seiten erneut zur Mitte hin faltest.

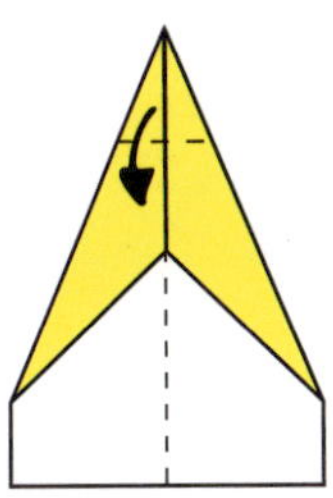

4 Falte die Spitze nach unten, sodass sie die Spitze des unteren Dreiecks berührt.

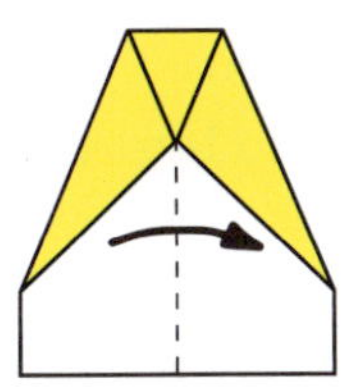

5 Falte das Papier in der Mitte.

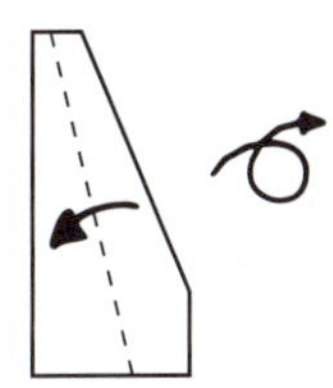

6 Falte den oben liegenden Flügel zurück, sodass die Kanten von Flügel und Rumpf übereinanderliegen. Wende das Papier.

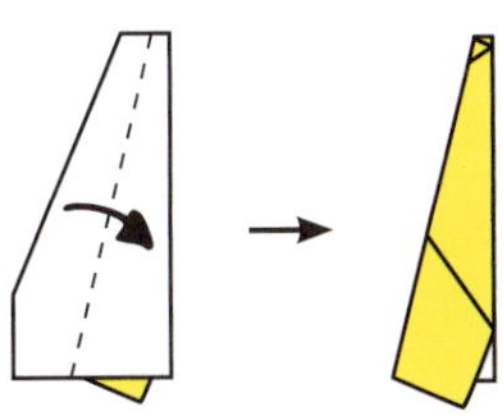

7 Wiederhole Schritt 6 auch mit dem zweiten Flügel. Forme die Flügel so, dass sie leicht nach oben hin zeigen.

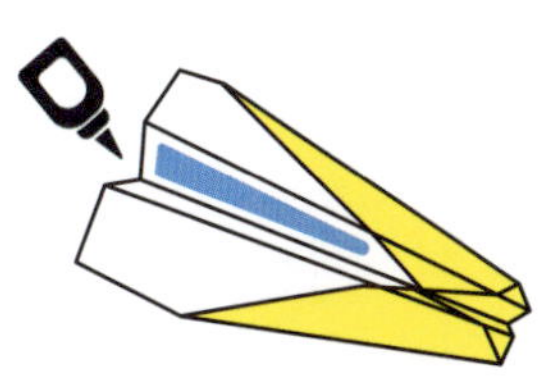

8 Klebe die Mitte mit Kleber zusammen.

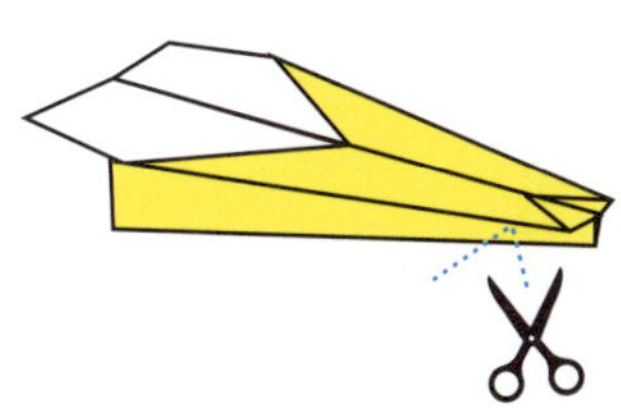

9 Schneide einen kleinen Keil vorne in den Rumpf.

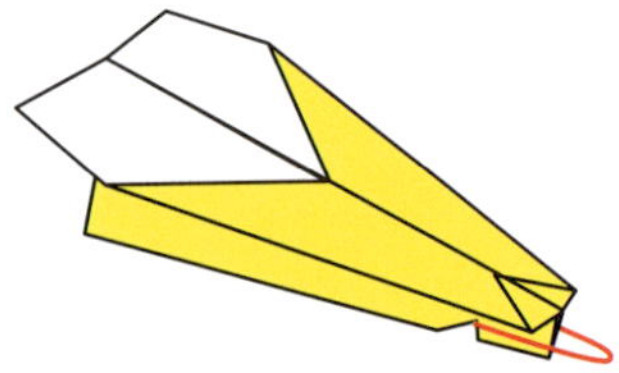

10 In den Keil kannst du dein Gummiband einhaken und schon bist du fertig für den Start!

PILOT:INNEN-TIPP:

Eventuell musst du ein paarmal üben, bis dieser Flieger richtig gut startet. Halte den Flieger direkt hinter dem Keil fest. Mit der anderen Hand hakst du das Gummi in den Keil ein. Spanne das Gummi von dir weg und zieh den Flieger gleichzeitig zu dir hin. Zieh nicht zu fest, damit das Papier nicht einreißt. Lass den Flieger schräg nach oben starten und achte darauf, dass er beim Start nicht am Gummi oder an deiner Hand, die das Gummi hält, hängenbleibt.

SHOOTING STAR

Dieser Gleiter lässt sich super mit einem Shooter aus Papier starten. Die Anleitung für den Shooter findest du auf der Seite 50. Er fliegt aber auch ohne Shooter weit und legt sich dabei schnittig in die Kurve.

FALTUNG:	★★★★★	GESCHWINDIGKEIT:	★★★★★
ABWURF:	★★★☆☆	WEITE:	★★★★★
COOLNESSFAKTOR:	★★★★★	HÖHE:	★★★★☆
FLUGDAUER:	★★★★★	FLUGBAHN:	SCHNELL/WEIT

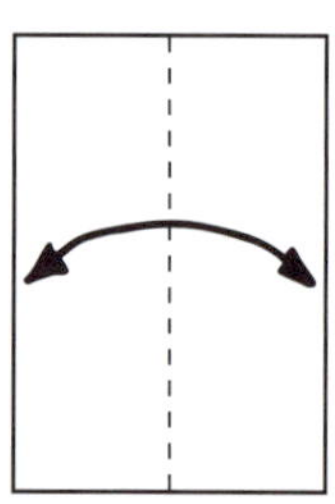

1 Lege das Papier hochkant vor dich hin. Falte es längs in der Mitte und wieder auseinander.

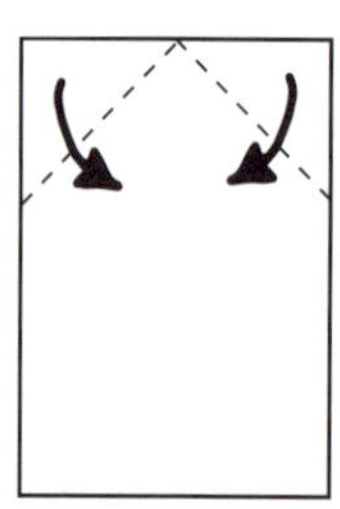

2 Falte die oberen Ecken zur Mitte hin.

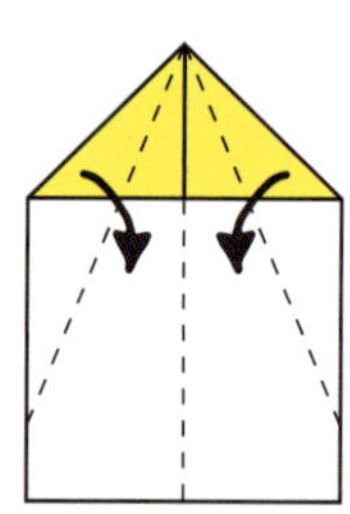

3 Falte die Spitze noch schmaler, indem du die Seiten ebenfalls zur Mitte hin faltest.

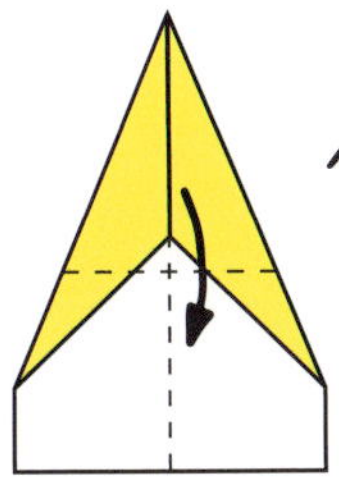

❹ Falte die Spitze nach unten, sodass sie ein kleines Stück über den unteren Rand hinausragt. Wende das Papier.

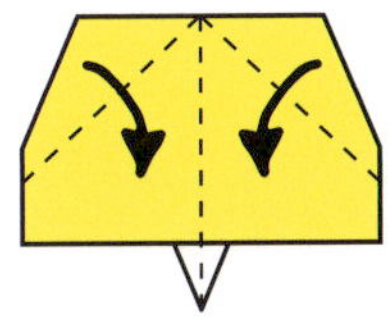

❺ Falte die oberen Ecken zur Mitte hin.

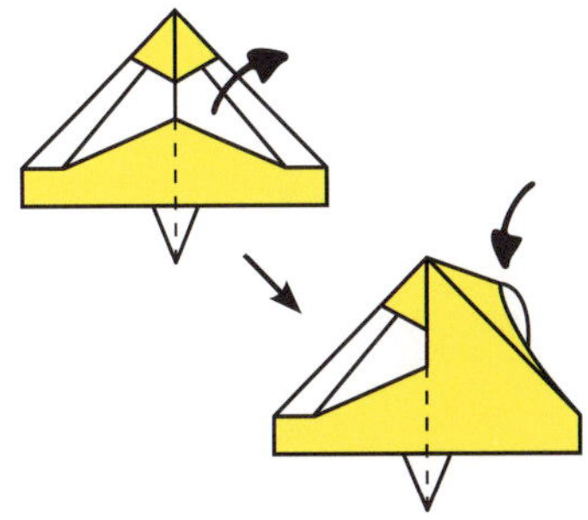

❻ Hebe die rechte Ecke ein Stück an und öffne sie, sodass eine Höhle entsteht. Falte sie flach, sodass die Faltlinie auf der Außenkante des Fliegers liegt.

❼ Wiederhole Schritt 6 auf der linken Seite. Wende das Papier.

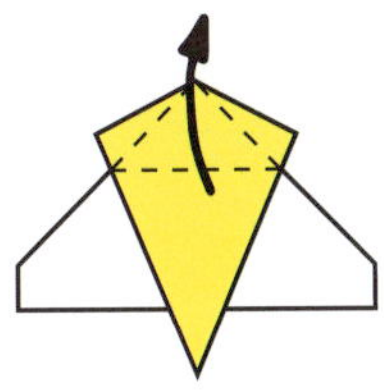

❽ Falte die Spitze hoch, und zwar auf Höhe der unteren Ecken der kleinen Dreiecke oben.

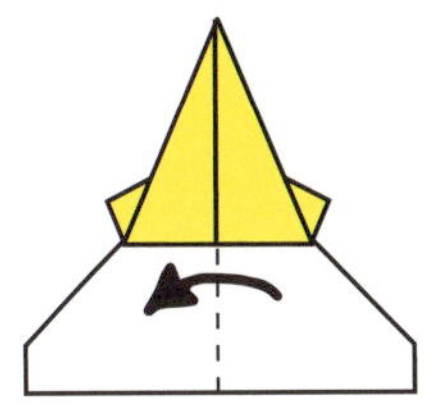

❾ Falte den Flieger in der Mitte.

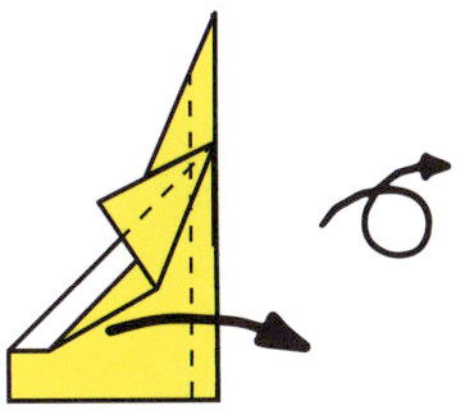

❿ Falte den oben liegenden Flügel so zurück, dass unten am Flieger ein schmaler Keil entsteht. Wende das Papier.

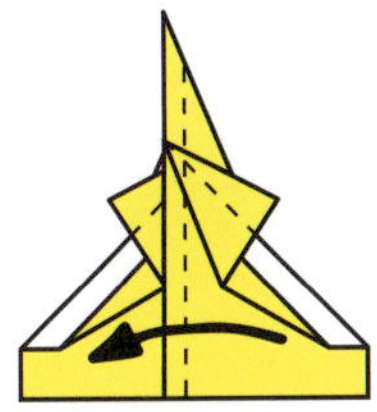

⓫ Falte den zweiten Flügel darüber. Richte den Flieger so zurecht, dass die Flügel leicht nach oben zeigen.

⓬ Zum Schluss faltest du am Rand der Flügel noch einen schmalen Streifen hoch.

⓭ Fertig ist dein Shooting Star!

PILOT:INNEN-TIPP:

Du kannst den Shooting Star entweder mit dem Shooter losschicken oder mit der Hand abwerfen. Halte ihn mittig fest und wirf ihn kräftig schräg nach oben ab.

SPEED-HAWK

Dieser Flieger sieht aus wie ein Adler und schwebt auch so elegant durch die Lüfte.

FALTUNG:	★★★★☆	GESCHWINDIGKEIT:	★★★★☆
ABWURF:	★★☆☆☆	WEITE:	★★★☆☆
COOLNESSFAKTOR:	★★★★★	HÖHE:	★★★★★
FLUGDAUER:	★★★★☆	FLUGBAHN:	HOHER BOGEN

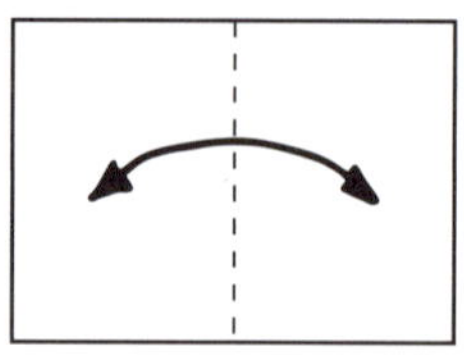

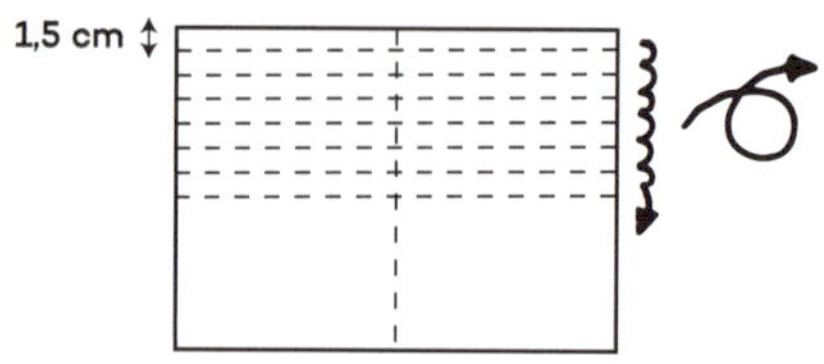

1 Falte das Papier in der Mitte und wieder auseinander.

2 Falte oben einen fingerbreiten Rand. Diesen Rand faltest du noch sechs weitere Male um. Achte darauf, dass die mittlere Faltkante immer aufeinanderliegt, damit es nicht schief wird. Wende das Papier.

3 Falte das Papier in der Mitte, der Rand befindet sich an der Außenseite.

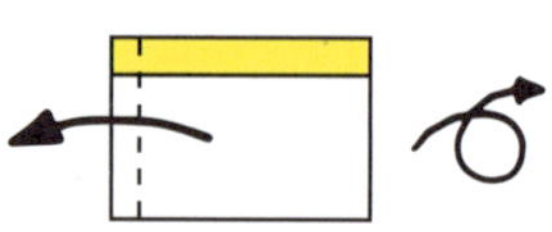

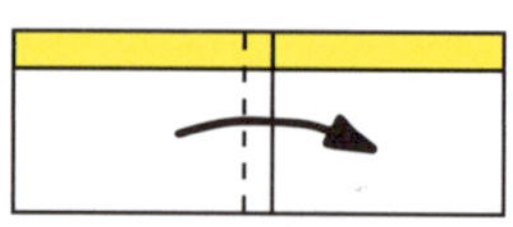

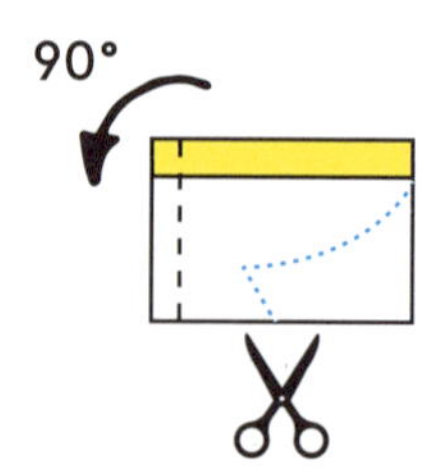

4 Falte den oben liegenden Flügel so nach unten, dass an der Unterseite des Fliegers ein Keil entsteht. Wende das Papier.

5 Falte den zweiten Flügel darüber.

6 Falte die beiden Flügel wieder zurück und drehe das Papier um 90°. Zeichne eine Vogelform mit Körper und Schwanz auf das Papier und schneide sie aus.

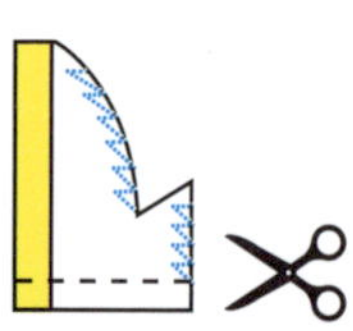

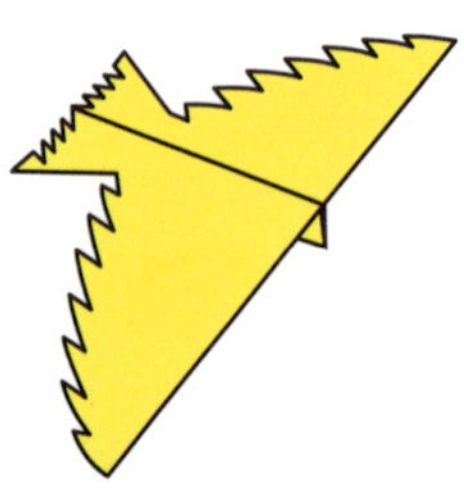

7 Dann verleihst du deinem Flieger noch ein Federnmuster. Dazu zeichnest du am unteren Rand entlang kleine Dreiecke auf und schneidest sie aus.

8 Falte die Flügel wieder um und richte sie so aus, dass sie leicht nach oben zeigen.

PILOT:INNEN-TIPP:

Halte deinen Gleiter vorne am dicken Teil des Rumpfes und wirf ihn mit Gefühl nach vorne hin ab.

LANGSTRECKEN-FLYER

SCHWIERIGKEIT ★★☆

Dieser coole Gleiter fliegt superweit und ruhig und beschreibt dabei eine geschmeidige Kurve.

FALTUNG:	★★★★☆	GESCHWINDIGKEIT:	★★★★☆
ABWURF:	★★☆☆☆	WEITE:	★★★★★
COOLNESSFAKTOR:	★★★★★	HÖHE:	★★★☆☆
FLUGDAUER:	★★★★★	FLUGBAHN:	WEIT/RUHIG

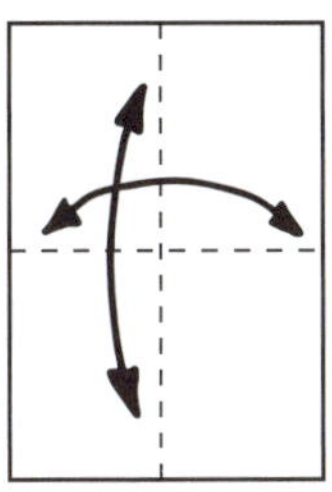

1 Falte ein Blatt Papier mittig und wieder auseinander und anschließend längs und wieder auseinander. Lege es hochkant vor dich.

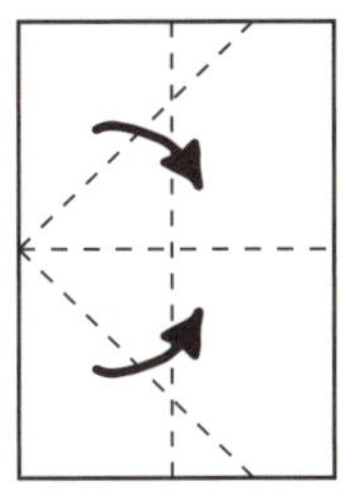

2 Falte die beiden rechten Ecken zur Mittellinie hin.

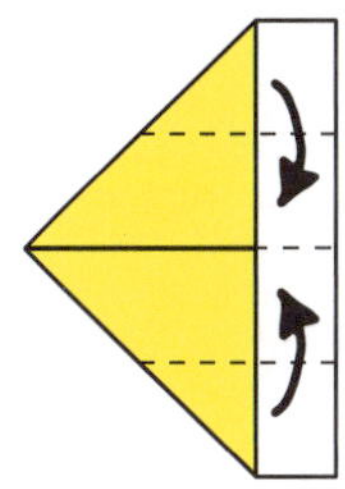

3 Falte die obere und untere Seite zur Mittellinie hin.

4 Dreh das Papier so, dass die Spitze zu dir zeigt. Falte die Seiten der Spitze zur Mitte hin schmaler.

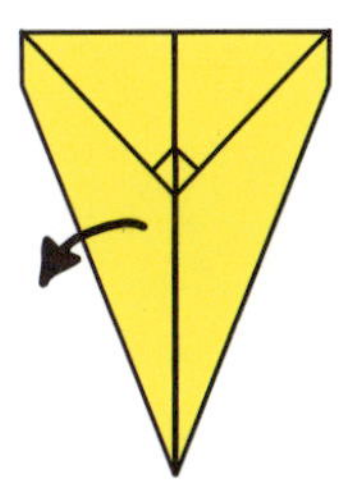

5 Falte die linke Spitze wieder auf.

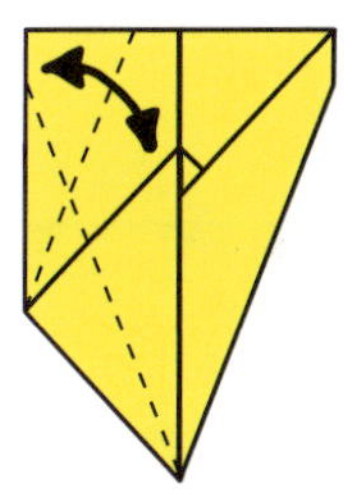

6 Falte das Innenteil zum linken Rand hin und öffne es wieder.

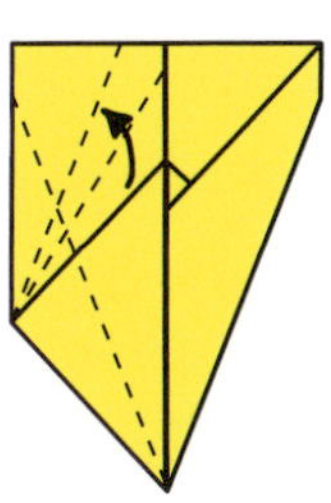

7 Anschließend faltest du es bis zur eben entstandenen Linie auf die Hälfte.

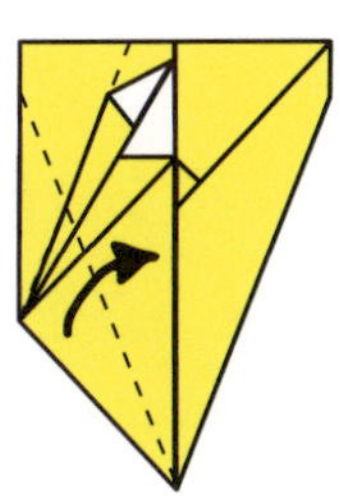

8 Falte die rechte Spitze wieder zurück.

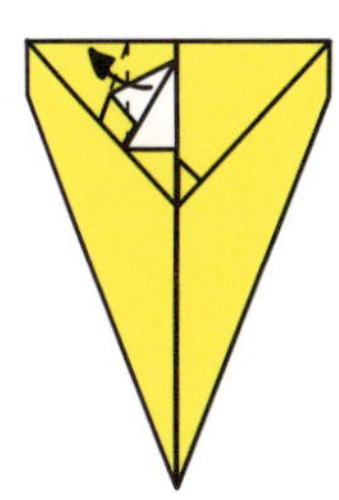

9 Falte das linke untere Mittelteil nach links bis fast an den Rand des Fliegers.

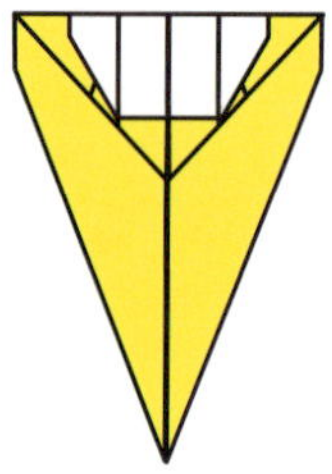

⑩ Wiederhole die Schritte 5 bis 9 auf der rechten Seite.

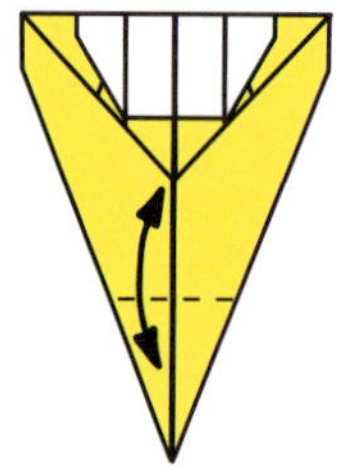

⑪ Falte die Spitze bis zum V, das du mitten auf dem Flieger siehst, und wieder zurück.

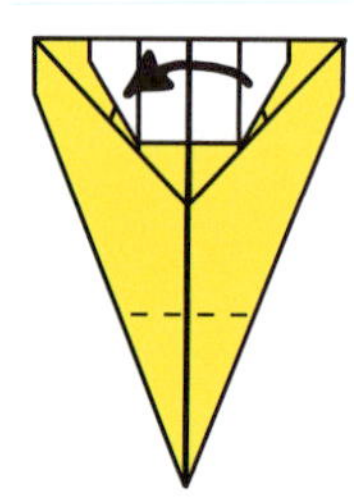

⑫ Falte deinen Flieger in der Mitte.

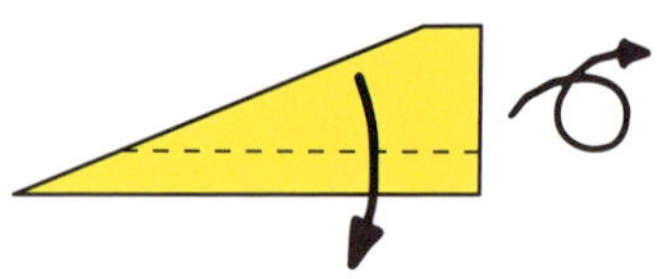

⑬ Falte den oben liegenden Flügel nach unten, sodass er ein Stück über dem Rumpf liegt. Wende den Flieger.

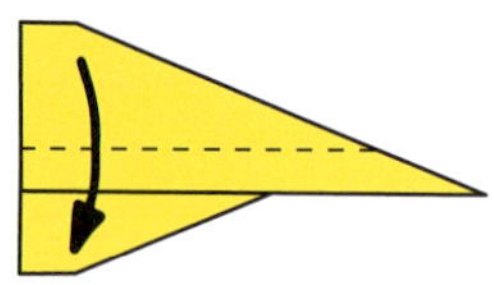

⑭ Wiederhole Schritt 13 mit der anderen Seite.

⑮ Falte die Spitze an der nun oben liegenden Seite schmaler, sodass sie bündig mit der Oberseite des Fliegers abschließt.

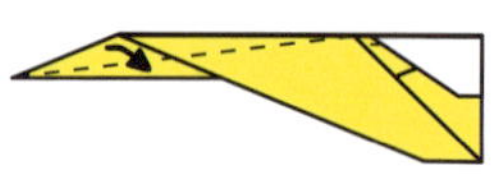

⑯ Wende den Flieger und wiederhole Schritt 15 mit der anderen Seite.

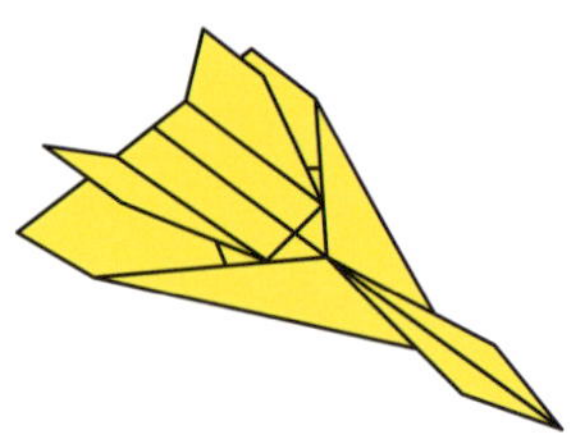

⑰ Richte den Flieger so aus, dass die Oberseite der Spitze gerade und parallel zum Boden ist. Die Flügel zeigen leicht nach oben und die Stabilisatoren hinten stehen senkrecht zu den Flügeln.

PILOT:INNEN-TIPP:

Mit deinem Langstrecken-Flyer hältst du einen echten Superstar unter den Gleitern in den Händen. Um ihn fliegen zu lassen, brauchst du Platz. Halte ihn zum Abwurf mittig am Rumpf fest, richte die Spitze beim Abwurf leicht nach oben und lass den Flieger mit etwas Kraft starten.

SCHWEBENDE SCHWALBE

Dieser Gleiter für echte Pros sieht aus wie eine Schwalbe und legt sich im Flug lustig in die Kurve.

SCHWIERIGKEIT ★★★

FALTUNG:	★★★★★	GESCHWINDIGKEIT:	★★★☆☆
ABWURF:	★★☆☆☆	WEITE:	★★★☆☆
COOLNESSFAKTOR:	★★★★★	HÖHE:	★★☆☆☆
FLUGDAUER:	★★★☆☆	FLUGBAHN:	KURVE

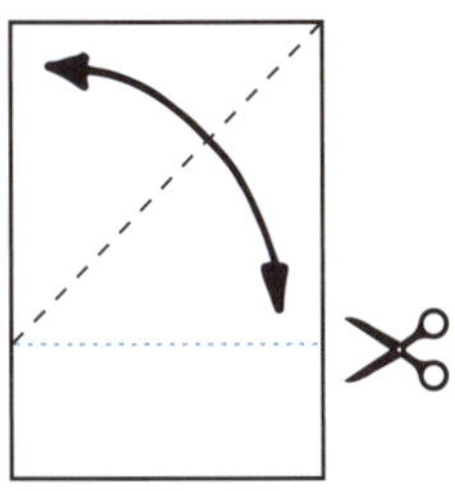

1 Leg das Papier senkrecht vor dich hin. Falte die obere linke Ecke zum rechten Rand und schneide den überstehenden Streifen ab. Öffne das Dreieck wieder.

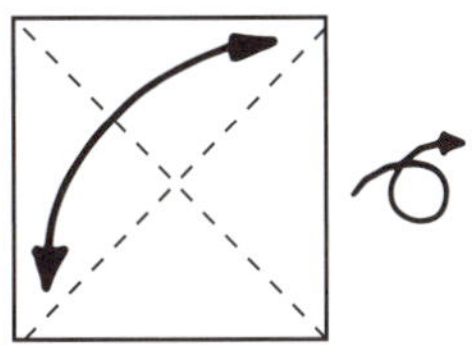

2 Falte auch die zweite Diagonale. Öffne das Blatt dann wieder. Wende das Papier.

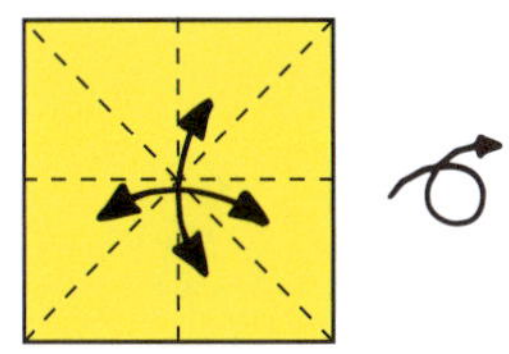

3 Falte das Quadrat senkrecht in der Mitte und öffne es wieder. Falte es dann waagerecht in der Mitte und öffne es wieder. Wende das Papier erneut.

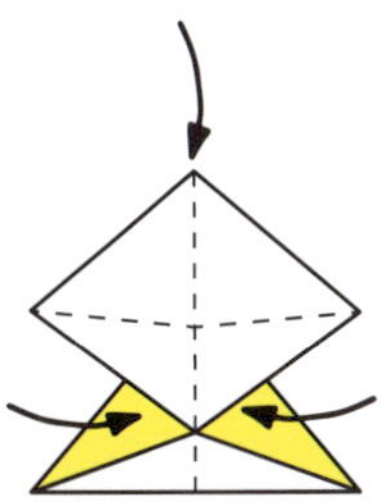

4 Drücke die seitlichen Dreiecke nach innen und klappe das obere Dreieck nach unten. Falte alles flach.

5 Falte die oberen Lagen der beiden unteren Ecken so, dass die Außenkanten sich auf der Mittellinie des Dreiecks treffen.

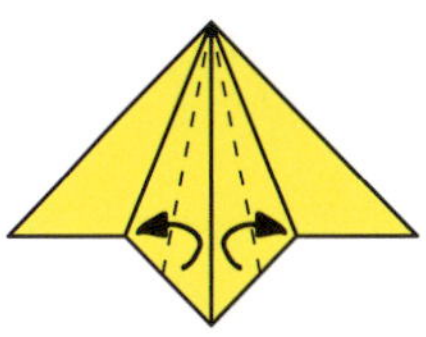

6 Falte beide Seiten noch einmal zur Hälfte zurück, sodass die nun mittleren Kanten auf den bei Punkt 5 entstandenen Faltkanten liegen. In der Mitte hast du nun schon den Schwalbenschwanz.

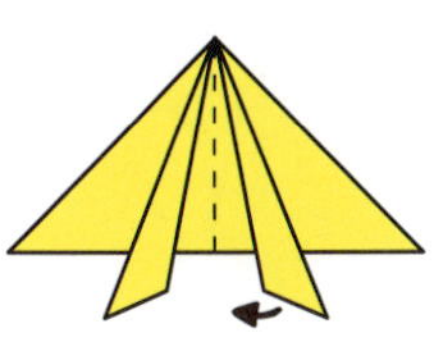

7 Jetzt wird's ein bisschen knifflig: Nimm die obere Lage der rechten Schwalbenschwanzhälfte und führe die zur Mitte hin zeigende Faltkante auf die Mittellinie. Falte die rechte Seite des Schwanzes in der Position flach.

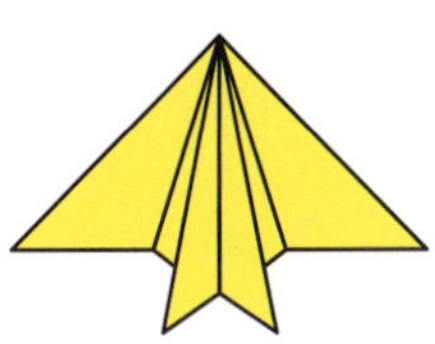

8 Wiederhole Schritt 7 für die linke Seite. Die beiden Hälften des Schwalbenschwanzes treffen sich nun in der Mitte.

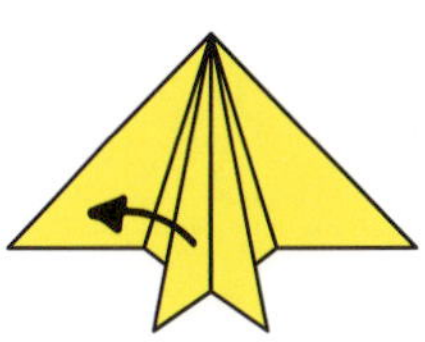

9 Falte die linke Seite des Schwanzes nach außen.

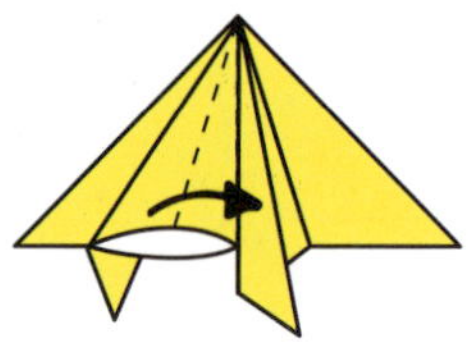

10 Öffne die unten liegende breite Seite etwas, sodass eine Art Kegel entsteht, und falte sie flach nach unten. Die Kanten der beiden Schwanzseiten sollten nun genau aufeinanderliegen.

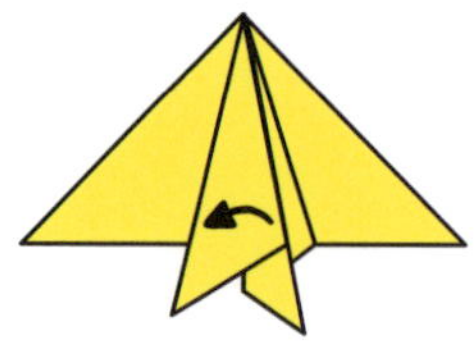

11 Falte die obere rechte Lage entlang der bereits vorhandenen Faltkante nach links.

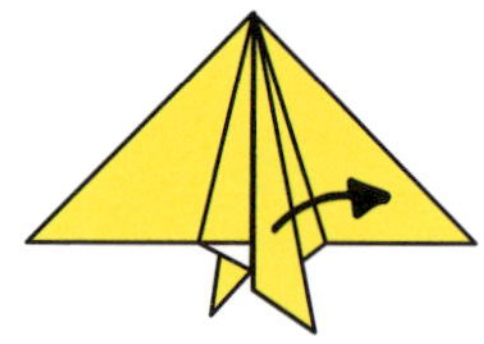

12 Wiederhole die Schritte 9 bis 11 auf der rechten Seite.

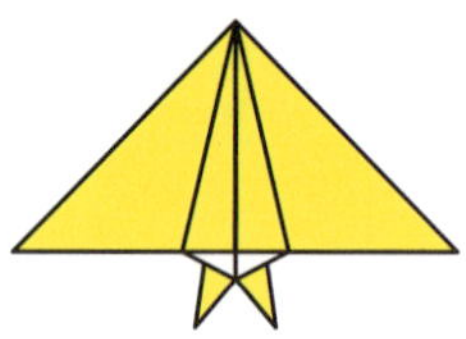

13 Deine Schwalbe sieht nun, wenn du alles richtig gemacht hast, auf beiden Seiten gleich aus.

14 Falte dann die beiden äußeren Flügelränder nach innen, und zwar jeweils bis zur Außenkante des Schwalbenschwanzes. Falte sie anschließend wieder zurück.

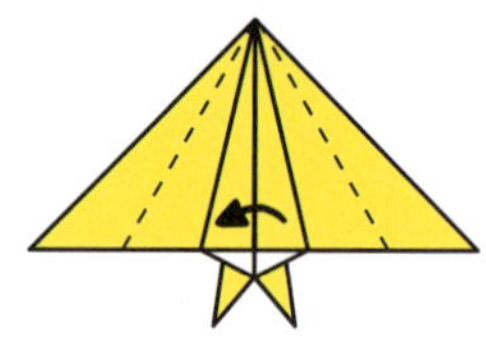

15 Falte die beiden oberen Lagen der rechten Schwalbenschwanzseite nach links.

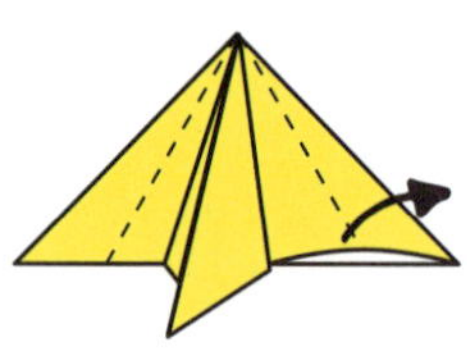

16 Öffne den darunterliegenden Teil und falte ihn flach.

17 Anschließend faltest du die beiden Lagen der rechten Schwalbenschwanzhälfte wieder zurück.

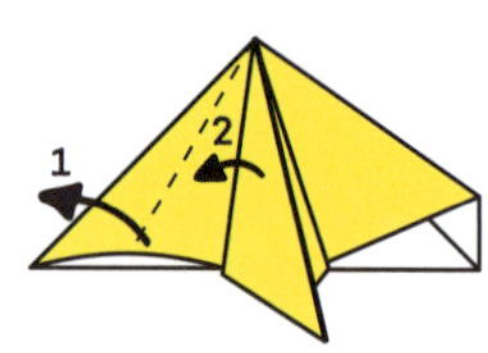

18 Wiederhole die Schritte 15 bis 17 auf der linken Seite.

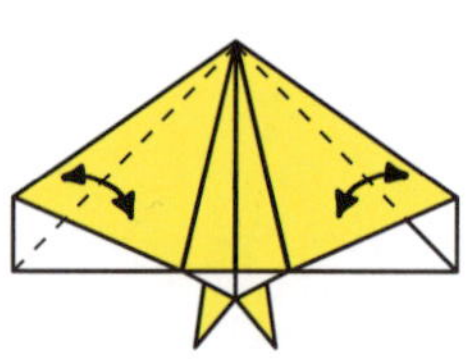

19 Falte beide Flügelseiten entlang der markierten Faltlinie nach innen und öffne sie wieder.

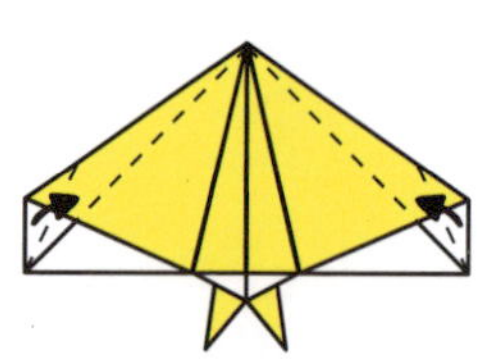

20 Falte die beiden unteren Ecken zur gerade entstandenen Faltlinie hin.

21 Dann faltest du die beiden Flügelseiten wieder wie bei Schritt 19.

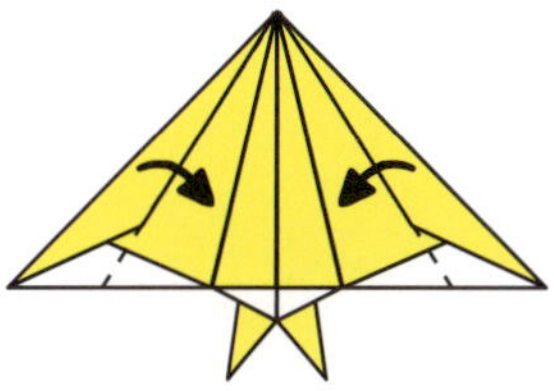

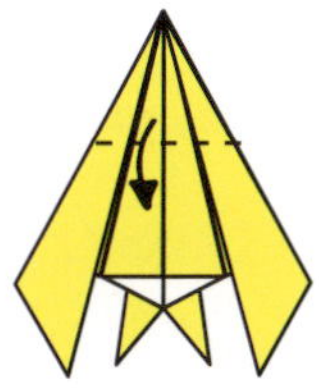

22 Nun faltest du beide Flügelseiten bis zu den Außenkanten des Mittelteils.

23 Falte die Spitze dann nach unten, bis zur waagerechten Linie des Mittelteils.

24 Jetzt faltest du sie zur Hälfte wieder zurück, sodass die Spitze etwas über den oberen Rand ragt.

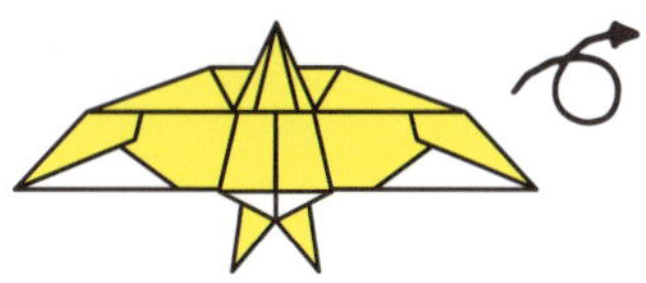

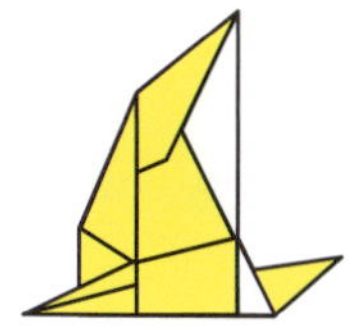

25 Ziehe die Flügel unterhalb der Spitze leicht nach außen, sodass eine waagerechte Linie entsteht, die in Verlängerung zum unteren Rand der Spitze liegt. Falte alles schön flach.

26 Wende das Papier.

27 Falte den Vogel einmal in der Mitte.

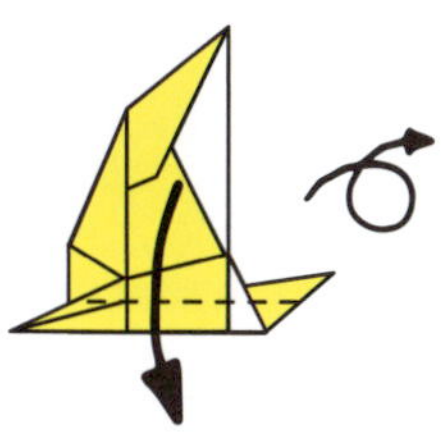

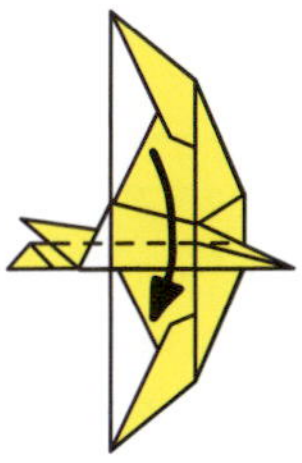

28 Falte den oben liegenden Flügel zurück, sodass ein schmaler Keil an der Vogelunterseite entsteht. Wende das Papier.

29 Falte den zweiten Flügel über den ersten.

30 Richte die Flügel und den Schwanz noch ein bisschen aus – und fertig!

PILOT:INNEN-TIPP:

Halte deine Schwalbe zum Abwurf etwa mittig und wirf mit leichtem Schwung. Beobachte, wie sie sanft davonschwebt und sich mit dem Wind nach rechts und links bewegt!

DEIN STARTSHOOTER

Dieser Shooter eignet sich super, um damit den Shooting Star auf der Seite 42 starten zu lassen. Du kannst es aber auch mal mit anderen Fliegern testen.

DU BRAUCHST

- 4 Blatt Papier DIN A4
- Lineal
- Schere
- Gummiband

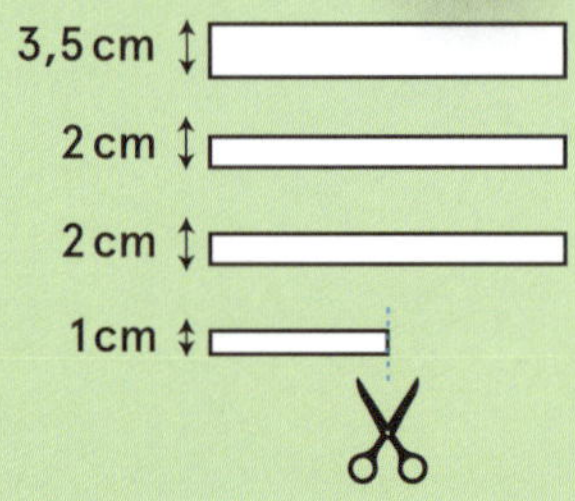

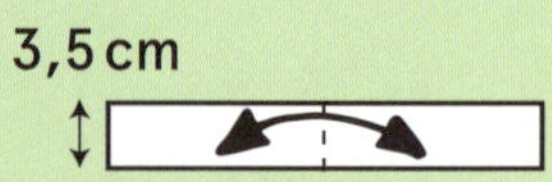

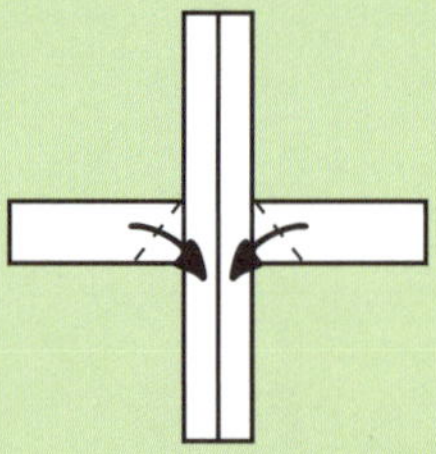

1. Falte zwei Blatt Papier längs je zu einem Streifen von 2 cm Breite, ein Blatt zu einem Streifen von 3,5 cm Breite und das vierte zu einem 1 cm breiten Streifen. Schneide den schmalsten Streifen in der Hälfte durch.
2. Lege den breitesten Streifen quer vor dich und falte ihn in der Mitte. Öffne ihn wieder.
3. Lege die beiden mittelbreiten Streifen links und rechts neben die Faltlinie und falte den breiten Streifen links und rechts von den schmaleren Streifen nach schräg unten. Es entsteht eine Art Schleife.

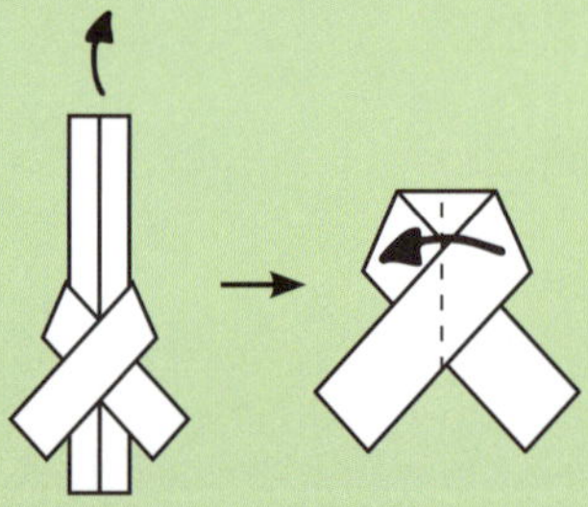

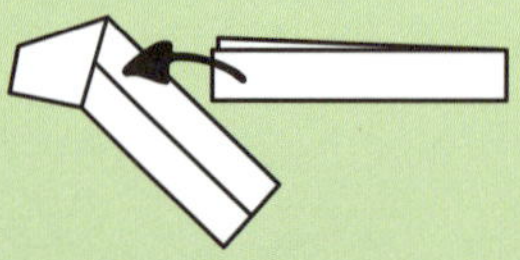

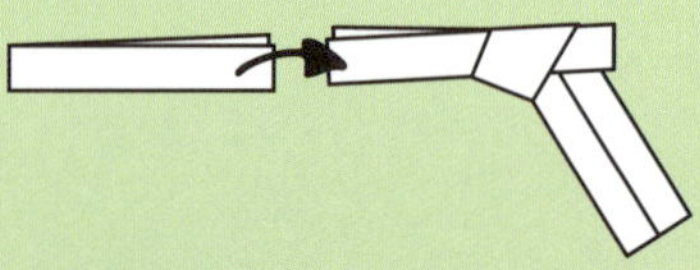

4. Ziehe die mittelbreiten Streifen wieder heraus und falte die Schleife in der Mitte. Die beiden Enden der Schleifen liegen nun übereinander.
5. Falte einen der mittelbreiten Streifen in der Mitte und stecke die beiden offenen Enden von hinten rechts und links in die Schleife.
6. Halbiere auch den zweiten mittelbreiten Streifen und stecke ihn von vorne zwischen Schleife und den ersten Streifen.

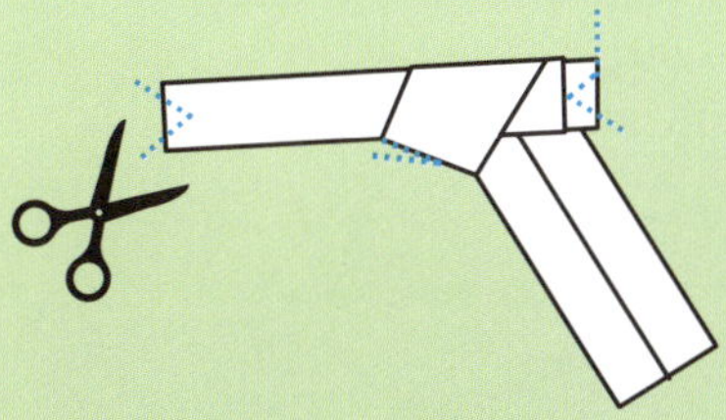

7 Schneide den Shooter nun an drei Stellen ein: Unten vor dem Griff schneidest du längs einen etwas mehr als 1 cm langen Schlitz, vorne und hinten schneidest du etwas oberhalb der Mitte je einen kleinen Keil.

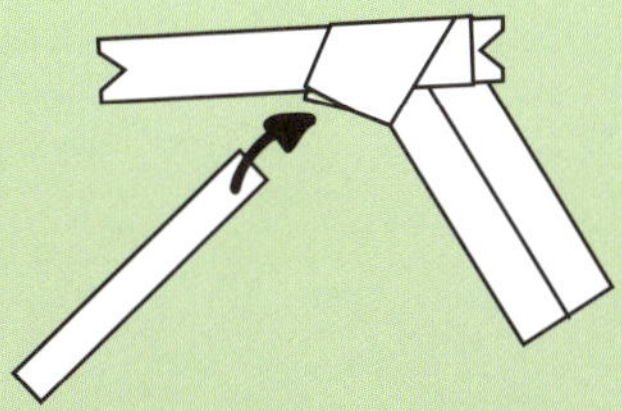

8 Stecke den schmalsten Streifen von unten durch den Schlitz, durch die Mitte des Shooters nach hinten, bis er am hinteren Keil sichtbar wird.

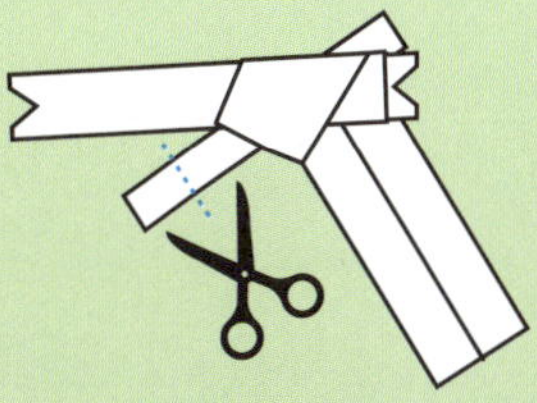

9 Halte den Shooter am Griff und kürze den schmalsten Streifen so, dass du das Ende gut mit dem Zeigefinger erreichen kannst.

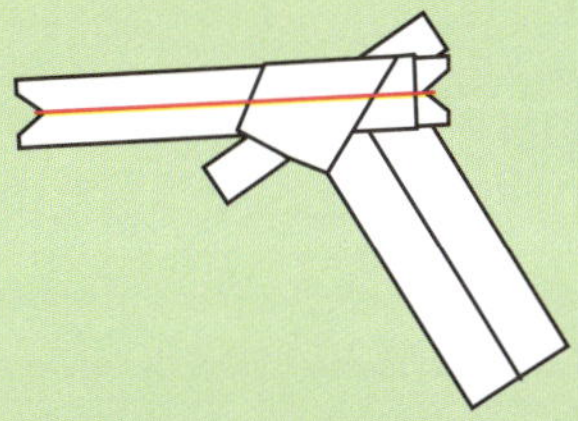

10 Spanne ein Gummiband zwischen dem vorderen und dem hinteren Keil. Teste mal, ob du den schmalsten Streifen so mit dem Zeigefinger hinten gegen das Gummiband drücken kannst, dass es abflitscht. Spanne das Gummi dann wieder.

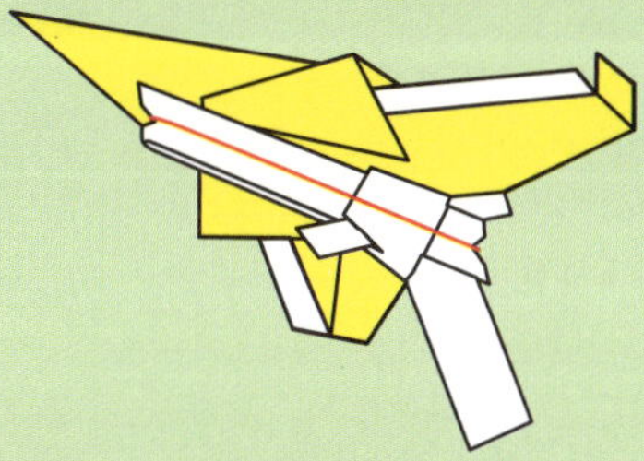

11 Nun setzt du deinen Flieger auf den Shooter. Der Keil des Fliegers sitzt in der Mitte des Shooters. Und dann versuch mal, das Gummi so flitschen zu lassen, dass es deinen Flieger starten lässt.

PILOT:INNEN-TIPP:

Es könnte sein, dass du die Keile noch etwas anpassen musst, wenn es nicht klappt. Die Handhabung des Shooters erfordert ein bisschen Übung. Eventuell brauchst du ein paar Versuche, bis es klappt!

IMPRESSUM

Bibliografische Information der Deutschen Bibliothek.

Die Deutsche Bibliothek verzeichnet diese Publikation in der Deutschen Nationalbibliografie.

Detaillierte bibliografische Daten sind im Internet über http://www.dnb.de/ abrufbar.

EIN BUCH DER EDITION MICHAEL FISCHER

1. Auflage 2024

Cover & Layout: Sarah Lukic

Satz: Sarah Lukic, Johanna Knauer

Redaktion und Lektorat: Nina Schlager

Flugvideos: Zoe Mitterhuber

Bildnachweis:

Sämtliches Bildmaterial stammt von Shutterstock:

Cover: © Yukhym Turkin, © Studios Allegory, © phyZick, © Tartila, © MarySan;

Umschlagklappen: © Net Vector, © Natewimon Natniwat;

S. 1–53: © Studios Allegory;

Papiere: © TairA, © Watchada, © vector punch, © Rakaatharf, © ANNA_KOVA, © Olgastocker, © Annata Art, © VikaSuh, © AKSANA SHUM, © ALMAGAMI, © Plasteed, © Apolinarias, © Ron Dale, © ivgroznii, © briddy, © Stephanie Zieber, © Berenzina, © chibi chan, © Lilly My, © Galyna_P, © Vita Oliko, © Magnia, © Portare fortuna, © dordek, © Olga_Angelloz, © artnLera, © Elena Melnikova, © ccdesign.co, © Sunward Art

ISBN 978-3-7459-2350-6

Gedruckt bei C&C Offset Printing Co., LTD., 14/F, C&C Building, 36 Ting Lai Road, Tai Po, N. T. Hong Kong, China

www.emf-verlag.de

VORLAGEN

Viele bunte Motivpapiere warten nur darauf, von dir gefaltet zu werden!

Die Papierflieger können mit den unterschiedlichsten, bunten Papieren gefaltet werden, sogar mit jedem anderen DIN-A4-Papier, das du gerade zu Hause hast.

Lass deiner Kreativität freien Lauf und kreiere deine einzigartigen Papierflieger.

Viel Spass beim Falten!

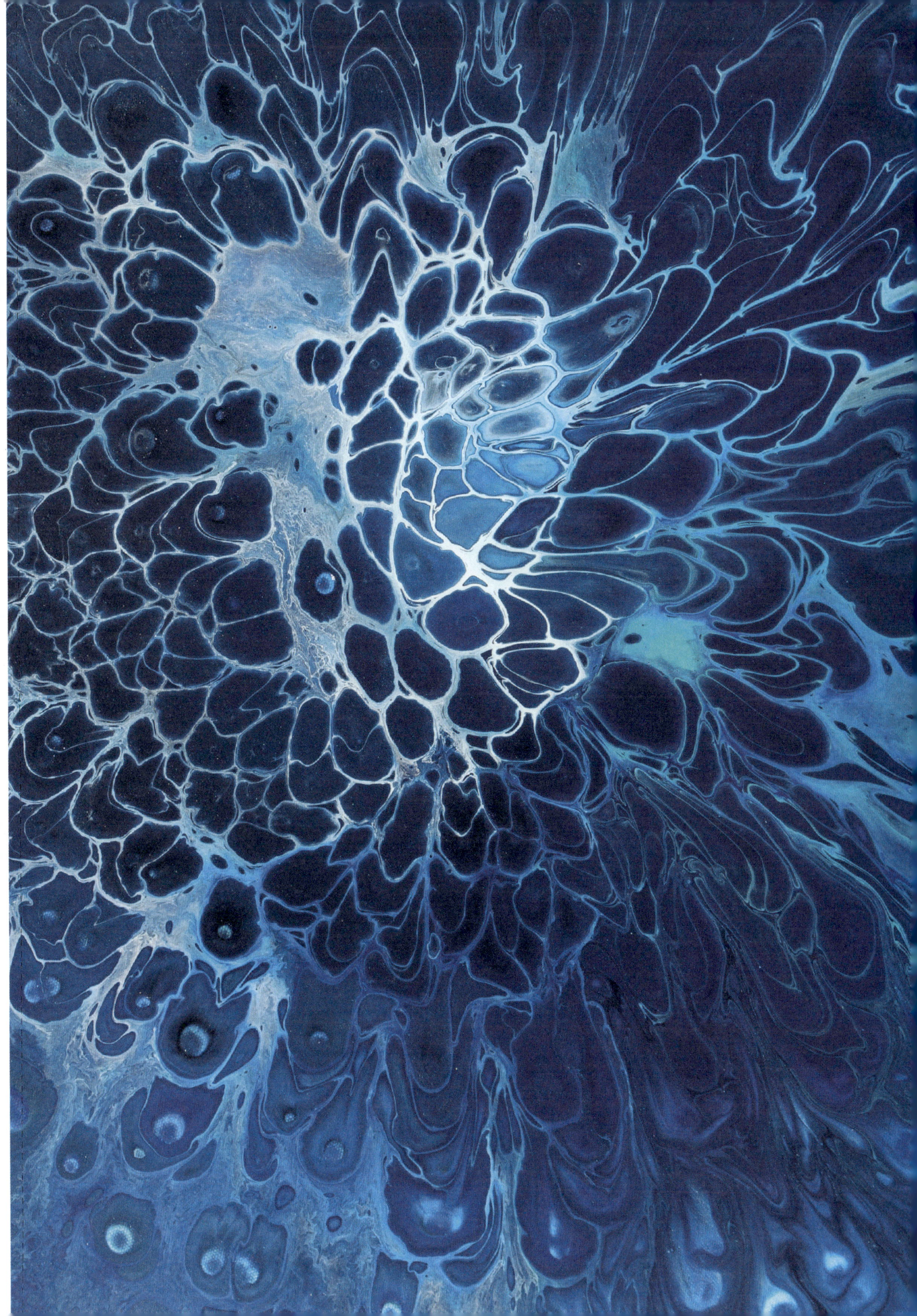

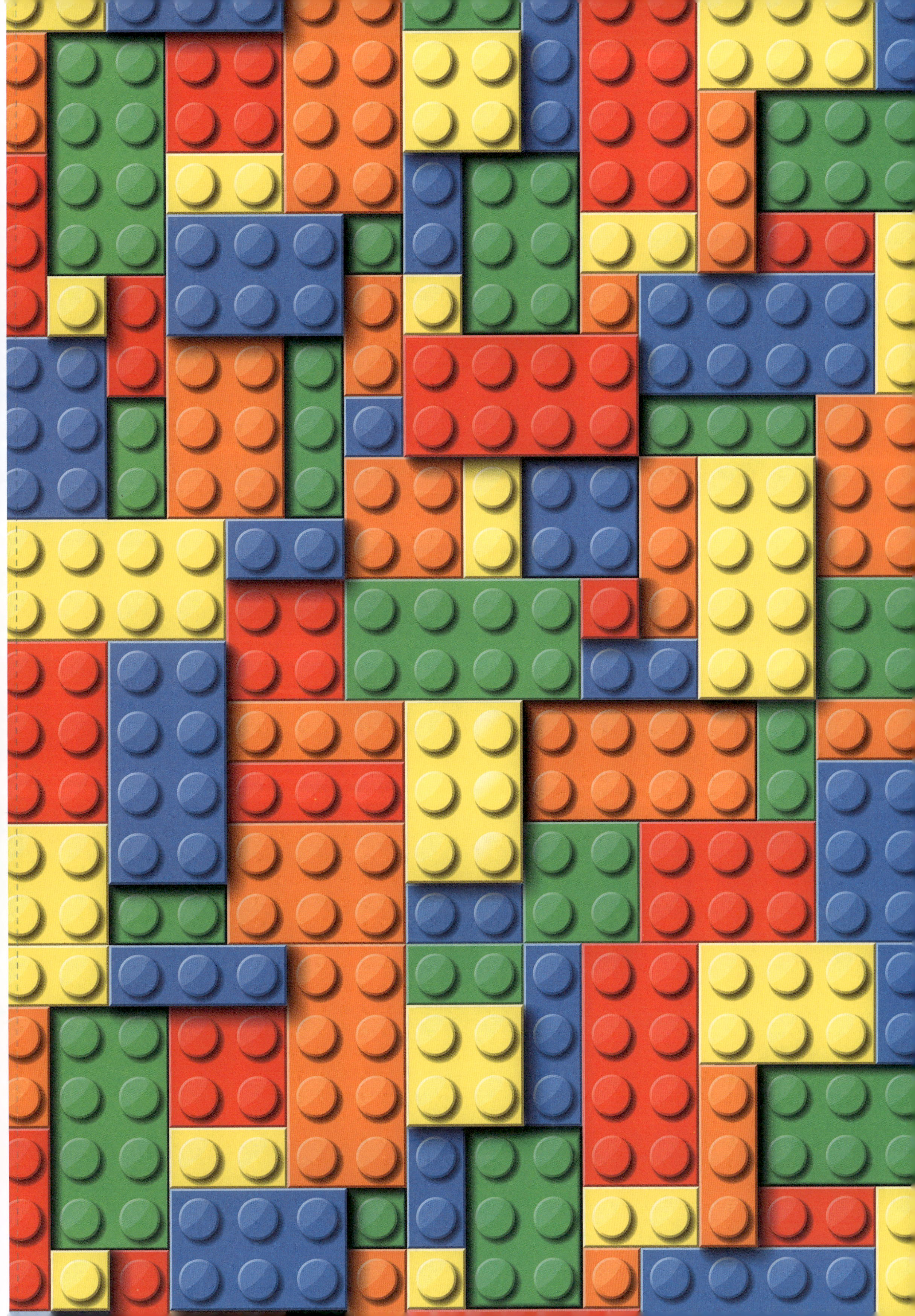